MW01634766

EDAF
MADRID

MARGARET ARNOLD

Cómo practicar la numerología

Aprenda a conocer las claves de su triunfo personal

TABLA DE ESMERALDA
Bolsillo

Título del original inglés:
HOW TO USE NUMEROLOGY FOR CAREER SUCCESS

Traducido por:
MARIO LAMBERTI

Dirección en Internet: http://www.arrakis.es/~edaf
Correo electrónico: edaf@arrakis.es

Depósito legal: M. 2896-1998
I.S.B.N.: 84-414-0229-9

PRINTED IN SPAIN IMPRESO EN ESPAPAÑA

Gráficas Cofás, S.A.. - Pol. Ind. Prado de Regordoño Móstoles (Madrid)

Índice

Págs.

Págs.

Un nuevo instrumento para conseguir el éxito profesional

EL tratar de conseguir un nuevo empleo resulta normalmente un trabajo muy duro que requiere suerte, acertar en el momento y utilizar adecuadamente los propios recursos. Incluso si usted posee un buen currículo, no es fácil que consiga una buena oferta laboral, ni ese salario que anda buscando.

Pero este libro le muestra un método único para lograr sus objetivos adecuadamente. Le explica cómo puede utilizar una de las grandes fuerzas universales —la vibración de la energía— y hacer que trabaje en el logro de su éxito profesional. La ciencia que se ocupa de polarizar esas vibraciones energéticas se denomina numerología, y constituye una ayuda incalculable para conocer cuáles son los mejores momentos en su búsqueda de trabajo.

Por último, en estas páginas se le muestra una forma muy efectiva para librarse de los fracasos y frustraciones que produce una deficiente búsqueda de empleo. La numerología le proporciona la información que necesita para asegurarse de que su próximo paso en la consecución de empleo sea el acertado.

Sobre el autor

MARGARET Arnold es una bibliotecaria retirada que vive en los alrededores de Akron, Ohio. En su calidad de bibliotecaria, selecciona los libros de metafísica para el fondo de la biblioteca del Stark County District de Canton, en Ohio. Ha estudiado numerología durante muchos años y la utiliza para ayudar a los demás. Es una activa investigadora de la utilización de las vibraciones energéticas en el tiempo. Ha sido espiritualista durante muchos años, y está muy interesada en muchas otras ramas del estudio de las vibraciones energéticas.

1

¿Qué es la numerología? ¿Qué son las vibraciones?

SE ha dicho que la numerología procede de las enseñanzas y de los cálculos matemáticos realizados por el filósofo griego Pitágoras, creador del teorema que lleva su nombre. Pitágoras fue un genio de las matemáticas.

La numerología es un método de utilización de los números para representar las vibraciones. Las vibraciones son formas de energía. La numerología puede utilizarse para mostrar las vibraciones humanas, las vibraciones de un determinado periodo de tiempo, o las de una persona dentro de un periodo concreto. Las vibraciones del tiempo, no las personales, se pueden observar normalmente al utilizar la numerología para la búsqueda de trabajo. La razón se debe a que no es probable que usted conozca cuáles son las vibraciones de la persona que lo está entrevistando, a menos que tal persona ya sea conocida de usted. De igual modo, las vibraciones son de utilidad durante las entrevistas, si bien, y debido a que tales entrevistas suelen durar un corto periodo de tiempo, las vibraciones de las personas que intervienen en ellas pueden resultar de relativo valor a la hora de sacar conclusiones. Para que las vibraciones de los demás puedan afectar de forma sustancial a la relación, es necesario que dicha relación se haya mantenido durante cierto tiempo.

Las vibraciones de tiempo son importantes y muy efectivas a la hora de utilizar la numerología en la búsqueda de trabajo. Por tal motivo, es necesario que quienes se encuentran aprendiendo numerología con vistas a utilizarla en la búsqueda de trabajo aprendan primero la utilización de las vibraciones de tiempo. Es conveniente, por tanto, dejar para más adelante el aprendizaje de las vibraciones personales de los demás, y de su consiguiente compatibilidad.

La numerología en relación con la búsqueda de trabajo

Al utilizar la numerología para encontrar trabajo, es necesario ver y analizar las vibraciones de la persona dentro de un determinado periodo de tiempo. En estos casos los números podrán decirnos cuál es el mejor momento para esa búsqueda laboral. Por supuesto, no pueden predecir que usted vaya a conseguir un determinado trabajo, pero pueden informarlo de cuándo se producirán las mejores oportunidades para obtenerlo. Si se está trabajando con los números adecuados, ellos nos podrán mostrar un puesto laboral más conveniente, mejor o más agradable. Por el contrario, si se trabaja con los números de forma inadecuada, es posible que usted consiga ese trabajo, pero seguramente no le ofrecerá las mejores oportunidades.

Las personas deberían saber que siempre existen mejores oportunidades profesionales para ellas. Si tuvieran cuidado de actuar en los momentos oportunos, encontrarían mejores puestos sin grandes esfuerzos. El saber utilizar la numerología a la hora de buscar trabajo le ayudará a no perder las oportunidades. Le evitará también la frustración que produce una larga e infructuosa búsqueda. Saber cuándo se debe buscar significa actuar sobre el trabajo adecuado en el momento adecuado. Tal proceder simplifica la búsqueda.

La numerología en relación con el éxito profesional

La numerología también puede ser utilizada cuando usted ya tiene un puesto de trabajo. Porque cuando ya está empleado, tal vez quiera cambiar. Algunas veces usted desea progresar en su puesto o, quizás, cambiar de puesto dentro de la misma empresa. El conocimiento de la numerología puede hacerle saber cuándo debe promocionar ese cambio que desea.

La utilización de la numerología también le puede proporcionar el conocimiento de contactos sociales oportunos en el momento en que usted busca trabajo, y cuándo es el mejor instante para promover un cambio de puesto. También le puede advertir de posibles acontecimientos que tal vez se produzcan en su puesto actual. De esta manera, usted podrá encontrarse siempre dentro de su trabajo en el mejor ambiente vibracional.

Pasos para aprender cómo utilizar la numerología en la búsqueda de trabajo

Son necesarias ciertas definiciones básicas para la comprensión de los números tal como se utilizan en numerología, y para que ésta pueda serle de utilidad a la hora de encontrar su empleo. Se trata exactamente de un conjunto inicial de definiciones. A medida que sea necesario, se irán añadiendo otras, con el objeto de mostrarle cómo utilizar la numerología en la búsqueda laboral.

A continuación del primer grupo de definiciones básicas se encuentra una lista de las características de los números tal como se usan en numerología para encontrar empleo y conseguir éxito profesional. Se indicará también el aspecto positivo y negativo de cada número, además de su relación con el trabajo.

Definiciones

Los nueve números principales

En numerología los **nueve números principales** son los que van del 1 al 9. Estos números representan diferentes vibraciones que corresponden a las características de una personalidad, o lo que puede suceder durante un determinado período de tiempo.

Números maestros

Los **números maestros** son el **11**, **22** y el **33**, y también otros números que se hallen compuestos de los mismos dígitos dobles. Tales números representan una vibración más intensa que la producida por los nueve números principales. Los **números maestros** tienen la característica de permanecer solos. No se descomponen ni son añadidos a otros números. Por supuesto, pueden combinarse con otros, pero normalmente no son reducidos. Algunas veces, estos **números maestros** pueden reducirse para simplificar la comprensión.

Números simples

Los **números simples** son los nueve principales, en tanto se encuentran solos, o los números maestros si también se hallan solos.

Números compuestos

Los **números compuestos** son el resultado de los nueve números principales y los números maestros, o también la combinación de estos últimos con otros números maestros.

Los **números compuestos** se escriben con comas entre los distintos elementos del número, para mostrar todos sus elementos. Los **números compuestos** se forman debido a que los números maestros no se descomponen. Ejemplos de números compuestos son: **(11,2)**, **(11,5)**, **(22,1)**, **(22,3)** ó **(22,6)**.

Números de trabajo

Los **números de trabajo** son aquellos bajo cuyas vibraciones se crea un tiempo oportuno para conseguir un empleo o un cambio favorable de trabajo. Los principales **números de trabajo** son **1**, **4**, **8** y **22**. Los **números de trabajo** incluyen también cualquier otro número simple o compuesto que contenga los principales números de trabajo, o que al ser descompuesto forme un número de trabajo. Esto es posible debido a que ambos tipos de números tendrán algunas de las características de alguno de los principales **números de trabajo.**

Se encuentran incluidos en este grupo números tales como el **13, 14, 17, 18, 19, 24, 26, 28, 31** (todos ellos números simples que se encuentran en el calendario). También se incluyen números como **(2,11), (4,11), (6,11), (8,11), (11,11)** (formas del **22**), y otros números compuestos de tipo semejante.

En ocasiones especiales puede aparecer un compuesto triple. Ejemplos de compuesto triple son **(1,11,11), (2,11,11), (3,11,11), (4,11,11), (5,11,11), (6,11,11), (7,11,11), (8,11,11), ó (9,11,11).** Resulta sumamente extraño encontrar un compuesto de cuatro dígitos. A medida que se vaya trabajando con la carta podrán aparecer números maestros más altos, tales como **22, 33** ó **44,** especialmente en forma de números compuestos. Cualquiera de ellos, siempre que contengan un número de trabajo, podrá ser considerado como tal.

Números descriptores

Los **números descriptores,** si bien no son números de trabajo por sí mismos, pueden ayudar a describor dicho número de trabajo, una vibración de trabajo, una situación laboral o la vibración de un periodo de tiempo. Los principales **números descriptores** son el **2, 3, 5, 6, 7, 9** y **11**. Los **números descriptores** pueden ser números simples o parte de números compuestos.

Cómo se suman los números en numerología

Para sumar números, en numerología, se contemplan todos ellos (excepto los números maestros) como dígitos equivalentes que componen el número. Por ejemplo:

1 = 1, 10 = 1 + 0 = 1, 100= 1 + 0 + 0 = 1.

Los dígitos se añaden una y otra vez hasta que ya no pueden reducirse más. Tal sistema incluye también la **suma** de dígitos. Por ejemplo:

654 = (6 + 5 + 4 = 15), entonces **(15 = 1 + 5 = 6)**, así que **(6 + 5 + 4 = 6).**

Los números maestros constituyen excepciones a esta regla común. Por lo general se mantienen solos, sin que puedan ser descompuestos. Existen, sin embargo, unas pocas ocasiones en las que pueden reducirse a su vibración más baja. Una de tales ocasiones se da en la resta.

Utilice el sistema de suma que se especifica a continuación para ver cómo se suman los números en numerología. Estos ejemplos muestran cómo se reducen los números a sus formas más simples. Preste atención al hecho de que los números se suman juntos, aunque permanecen aislados en los ejemplos.

Práctica de la suma en numerología

Sumando números principales con números principales

Utilice una aritmética sencilla para sumar números principales con números principales.

Ejemplo 1

2+5+8+4=19
19=1+9=10
10=1+0=1

Ejemplo 2

9+8+1+3=21
21=2+1=3

Sumando números principales a números maestros

Sumar números principales y números maestros mediante la adición de números principales a otros del mismo género, y números maestros a otros igualmente maestros. Se escriben poniendo simplemente una coma entre ellos.

Ejemplo 1

6+7+22=13+22
13+22=1+3+22
1+3+22=4,22

Ejemplo 2

1+5+11=6+11
6+11=6,11

Sumando números principales a números compuestos

Sumar números principales y números compuestos mediante la adición conjunta de los primeros con la par-

Deseo recibir, sin compromiso, información bibliográfica de los siguientes temas:
(Indicar con una X)

- ❑ CLÁSICOS, LITERATURA-ENSAYO
- ❑ LIBROS PRÁCTICOS Y DE CONSULTA
- ❑ AUTOAPRENDIZAJE
- ❑ HISTORIA, BIOGRAFÍAS, NOVELA HISTÓRICA
- ❑ MÚSICA
- ❑ LIBROS REGALO
- ❑ NUEVA ERA
- ❑ NUEVOS TEMAS
- ❑ CIENCIAS OCULTAS, ESOTERISMO
- ❑ NATURISMO Y SALUD
- ❑ SUPERACIÓN PERSONAL y AUTOAYUDA
- ❑ INFANTILES

REMITENTE:

Nombre: ....

Dirección: ....

Población: .... D. P.:................. Provincia: ....

INFORMACIÓN BIBLIOGRÁFICA

SELLO

EDAF

EDITORIAL EDAF, S. A.

Jorge Juan, 30, 1ª planta
Tel. 435 82 60 - Fax 431 52 81
28001 Madrid

te de números principales existente en los números compuestos.

Ejemplo 1

5 + 2 + 11,1 = 7 + 11,1
7 + 11,1 = 11,8

Ejemplo 2

7 + 3 + 22 = 1 + 22
1 + 22 = 22,1

Sumando números maestros a números maestros

Use una aritmética sencilla para añadir números maestros a números maestros.

Ejemplo 1

11 + 11 + 22 = 11,11,22 (una forma de 44)

Ejemplo 2

33 + 22 + 11 = 33,22,11 (una forma de 66)

Sumando números maestros con números compuestos

Sume números maestros a números compuestos mediante la adición de los primeros a la parte de números maestros contenida en los números compuestos.

Ejemplo 1

11 + 22,7 = 33,7

Ejemplo 2

22 + 11,1 + 11,2 = 44,3

Sumando números compuestos con números compuestos

Sume números compuestos con números de la misma especie, mediante la adición de la parte de los números principales de los dos números compuestos juntos, y la parte de los números maestros de los dos números compuestos igualmente juntos.

Ejemplo 1

22,3 + 11,7 = 33,1

Ejemplo 2

11,2 + 22,1 + 11,3 = 44,6

Cómo restar en numerología

La resta no es una función que se enseñe, por lo general, en numerología. Tal vez se deba a que no se utiliza con frecuencia. Sin embargo, existe un caso en el que se usa la resta en la carta numerológica de tiempo. En tal ocasión se utiliza la resta para hallar los logros de cada mes.

Debido precisamente a que la resta no suele usarse en numerología, se carece de una información práctica en toda la literatura existente al respecto. Y tal carencia se hace resaltar cuando la resta incluye números maestros o compuestos.

Tal hecho se comprende fácilmente si se tiene en cuenta que los números maestros se encuentran frecuentemente en el tipo de vibración más baja, y debido a que se aminora la confusión siempre que se contemplen dichos números precisamente en ese tipo de vibración. Todo ello se hará siempre que sea necesario realizar en la carta numerológica algún tipo de resta. Veamos cómo se realiza esto en los siguientes ejemplos.

Siempre que se resten números menores de otros mayores, haga caso omiso de qué número aparece primero. Esto es debido con frecuencia a que, al proceder a la resta, los números maestros son más bajos que los nueve números principales, dado que aquéllos se contemplan, como ya hemos dicho, en su vibración más baja.

Ejemplos de resta

Restando números principales de números principales

Utilice una operación aritmética sencilla para restar números principales de otros de la misma especie. En numerología no existen números negativos. Si se llegase a producir un número negativo en una resta, elimine el signo de resta y utilice en su lugar el positivo.

Ejemplo 1

9 - 8 = 1

Ejemplo 2

2 - 7 = 5. (No existen números negativos en numerología. Lea, por tanto, todos los números en su forma positiva.)

Restando números principales de números maestros

Si se contempla como número maestro, esta combinación no podría restarse, pero con fines numerológicos se pueden reducir los números maestros a su nivel vibracional más bajo, procediendo después a la resta.

Ejemplo 1

11 - 9 = 2 - 9 = 7

Ejemplo 2

22 - 3 = 4 - 3 = 1

Restando números principales y números compuestos

Tal operación puede realizarse restando la parte de los números principales existente en los números compuestos, o reduciendo estos últimos a su nivel vibracional más bajo y restándoles los números principales.

Ejemplo 1

11,7 - 3 = (2 + 7) - 3 = 9 - 3 = 6

Ejemplo 2

7 - 22,6 = 7 - (22 + 6) = 7 - (1 + 6) = 7 - 1 = 6

Restando números maestros de números maestros

Los números maestros pueden restarse de otros números maestros mediante una simple operación aritmética.

Ejemplo 1

11 - 22 = 2 - 4 = 2 (u 11 - 22 = 11)

Ejemplo 2

33 - 22 = 6 - 4 = 2 (ó 33 - 22 = 11)

Restando números maestros de números compuestos

El restar números maestros de números compuestos se puede realizar de varias formas. Una fórmula es la de que se reduzcan los números compuestos lo máximo posible, o bien que los números maestros existentes en el compuesto se resten entre sí.

Ejemplo 1

11,5 - 11 = (11 + 5) - 2 = (2 + 5) - 2 = 7 - 2 = 5

Ejemplo 2

11 - 22,8 = 2 - (22 + 8) = 2 - (4 + 8) = 2 - 3 = 1

Restando números compuestos de números compuestos

Se realiza la operación de restar números compuestos de otros de la misma especie, reduciendo primero los números compuestos hasta donde sea posible.

Ejemplo 1

11,3 - 22,5 = (11 + 3 = 2 + 3 = 5) - (22 + 5 = 4 + 5 = 9) = = 5 - 9 = 4

Ejemplo 2

11,7 - 22,1 = (11 + 7 = 2 + 7 = 9) - (22 + 1 = 4 + 1 = 5) = = 9 - 5 = 4

2

Características numéricas relacionadas con tiempo y trabajo

El uno

Términos que describen al 1

1. Independiente.	2. Liderazgo.	3. Nuevos inicios.
4. Solo.	5. Jefe.	6. Iniciador.

Aspectos positivos del 1

Es el tiempo para un nuevo comienzo. Con este número llegan nuevos proyectos o nuevos inicios. Pueden presentarse oportunidades para alcanzar liderazgo. Es posible que usted tenga que marchar solo durante este tiempo, pero se producirán pocas interferencias. Será un tiempo en el que usted puede sentir ambiciones e impulsos de seguir hacia delante. Es también un tiempo que puede traerle mucho éxito, pero usted tendrá que contar exclusivamente con sus propias fuerzas, sin ayuda ajena. En este tiempo avance despacio y con esfuerzo. Es una buena época para tratar con energía masculina. Deberá tener control y seguir adelante.

Aspectos negativos del 1

Es una época en la que usted puede mostrarse demasiado agresivo. Puede parecer como que trata de dominar a los demás. Durante este tiempo, deberá tratar de no imponer su voluntad a los demás, y comprender que también existen otros aparte de usted. El **1** puede hacer a una persona jactanciosa, arrogante e impaciente. Usted puede sentirse impulsivo en ciertas ocasiones e intolerante en otras. Tómese algún tiempo para pensar en los demás durante el **1**, de manera que el egoísmo negativo de este número no cause problemas.

El 1 en relación con la búsqueda de trabajo y el éxito profesional

El **1** es un **número de trabajo.** Utilice decididamente este número en su búsqueda de empleo o en su cambio de profesión. Es un tiempo apropiado para buscar nuevas perspectivas. El **1** posee vibraciones que le llevarán a nuevos empleos o direcciones. Este número puede proporcionarle oportunidades en las que usted desempeñará puestos directivos, o también puede otorgarle un nuevo comienzo. Trate de moverse y buscar nuevas oportunidades en esta época. Un **1** positivo le proporcionará la dirección y el empuje para buscar trabajo y llevar a cabo cambios en su vida.

Las clases de empleo y formas de ascender en su carrera profesional que usted puede conseguir bajo las vibraciones del **1** son numerosas. Usted comprobará que estos empleos le sitúan en puestos en los cuales deberá trabajar solo, en un nuevo comienzo laboral o en un puesto de dirección. En esta época usted puede convertirse, en cierto modo, en un jefe. Este número indica que bajo su influencia se puede enseñar y dirigir a los demás.

El dos

Términos que describen al 2

1. Seguidor. 2. Sensitivo. 3. Femenino.
4. Diplomático. 5. Suave. 6. Dinero escaso.

Aspectos positivos del 2

El **2** constituye una vibración tranquila, que trae al sujeto una época serena y suave. Bajo la influencia del **2** se necesitará colaboración. Usted deberá trabajar asociado a otros, y puede encontrarse en una posición dependiente. Deberá ayudar a los demás para que pongan en práctica sus ideas. Las vibraciones proporcionadas por el **2** son adecuadas para establecer amistades y asociaciones. Es una buena época para trabajar con la energía femenina, y representa un tiempo de sensibilización. Este número no posee vibraciones laborales, pero puede proporcionar asociaciones que ayuden a encontrar empleo.

Aspectos negativos del 2

En esta época usted puede tener problemas con las asociaciones. Usted puede sentirse retraído o hipersensible bajo la influencia de este número. El **2** no proporciona seguridad. No es una vibración material y, por tanto, no es una vibración de trabajo. El estado de su salud física tal vez no se encuentre en el mejor momento durante este tiempo.

Esencialmente, el **2** es una época en la que usted puede tener necesidad de estar con otros. Es más una vibración de tipo social que una buena vibración para encontrar empleo. Intente mantener la confianza en sí mismo durante la época del **2** y siga con sus intentos. No se desanime si durante este tiempo se produce una carencia de dinero.

El 2 en relación con la búsqueda de trabajo y el éxito profesional

Como se ha dicho anteriormente, el **2** no es un número de trabajo, pero es útil observar algunos de sus aspectos en relación con otros números que sí son de trabajo. Puede ser, por tanto, muy conveniente tener un conocimiento del **2** y de cómo se relaciona con tales números, para comprender lo que conviene realizar cuando el **2** aparezca conjuntamente con números de trabajo. Cierto tipo de números, como el **2**, por ejemplo, son números descriptores. Por tanto, cuando aparecen en unión de un número de trabajo dan una idea del tipo de empleo que conviene buscar.

Cuando el **2** se encuentra en el plano de relaciones laborales, indica que usted podrá ser un seguidor más que un líder, sugiriéndole que usted se encuentra en una posición en que debe trabajar en asociación o colaborando con otros. También es un buen número en cuestión de materias religiosas o en aquellos casos en que resulte importante la inspiración. A la hora de trabajar con energía femenina es muy positivo encontrarse bajo la vibración de este número.

El **2** no es un número que indique abundancia de dinero, por lo que los empleos que se consigan bajo la influencia de este número tal vez no estén pagados tan bien como usted desearía. Sin embargo, pueden existir otros números que anulen este aspecto del **2**. Trate siempre de observar el conjunto de números para obtener la mejor idea de lo que debe esperar bajo cualquier tipo de vibración. A menudo, en una carta numerológica, se ven incluidos números de trabajo con otros que no lo son. Por ello, los números siempre deberán analizarse en relación con el conjunto de la carta.

Por lo general, el **2** representa un tiempo propicio para buscar contactos que nos puedan ayudar en nuestra profesión. También es una época buena para establecer contacto con los demás. Pero puesto que éste es un número suave, trate de serlo usted también en sus contactos. No sea impulsivo, muéstrese amable, suave y cooperador.

El tres

Términos que describen al 3

1. Felicidad. 2. Expresión. 3. Arte.
4. Amistad. 5. Niños. 6. Animales domésticos.

Aspectos positivos del 3

Este número no tiene en sí mismo una vibración de trabajo, pero cuando aparece en compañía de un número de trabajo muestra el puesto o tipo de empleo que podrá ser gratificante para el sujeto. Se puede decir que es un número que trae posibilidades positivas.

El **3** tiene que ver con la autoexpresión y con la interación social. Puede significar, por tanto, la posibilidad de hacer amigos o de mantener una situación amistosa. Es un buen número para cuanto significa hablar en público o para cualquier actividad de relación pública. Asimismo, es un número favorable para mantener entrevistas y para hacer contactos.

El **3** es bueno para tratar con niños y animales, especialmente los domésticos. La compañía es un aspecto de este número.

Este número puede entrañar una época de creatividad. Es muy bueno para la inspiración, para todo tipo de trabajos creativos y de expresión artística. Se considera que el **3** aporta experiencias placenteras.

Aspectos negativos del 3

El **3**, en sí mismo, como una vibración del tiempo, no encierra muchos aspectos negativos. Probablemente serán las propias reacciones de usted a las características de este número las que podrán generar una etapa negativa. Por ejemplo, la vibración del **3** le aportará manifestaciones de autoexpresión, de hablar en público, de niños, de animales domésticos, de interación social, de creatividad o de inspiración. Tal vez a usted no le agrade hablar en público, y en tal sentido el **3** le puede resultar negativo. Es posible que tampoco le gusten algunas otras de las características de este número. Y es por esto por lo que el número **3** pueda convertirse en negativo con relación al trabajo.

El 3 en relación con la búsqueda de trabajo y el éxito profesional

El **3** no es un número de trabajo; sin embargo, es un número descriptor y en su calidad de tal muestra qué tipo de empleo puede encontrarse. Por lo general, será un tipo de trabajo de naturaleza agradable, y puede estar en relación con las características que ya se mencionaron al describir este número.

Bajo la vibración del **3** se darán buenas oportunidades para mantener entrevistas de trabajo, porque es una vibracióan social. Ayuda a que estas entrevistas marchen por buen camino, pero para que se dé esta posibilidad es necesario que se combine o se halle en íntima relación con una vibración de trabajo.

Este número posee una vibración muy buena para buscar empleo, ya que es un número descriptor. Precisamente por esta característica puede aportarle un tipo de actividad que quizás le guste más que un trabajo. Las áreas de interés que están gobernadas por el **3** son los niños, los animales, los trabajos artísticos y otras formas de expresión.

También es favorable el **3** para establecer contactos de tipo social. siempre que éstos sean necesarios en su actual, tipo de trabajo. Fundamentalmente es una época amistosa, por lo que bajo su influencia no debe dudar en salir. Existen algunas excepciones pero, básicamente, debe utilizar este número para establecer contactos.

El cuatro

Términos que describen el 4

1. Material. 2. Trabajo. 3. Orden.
4. Práctico. 5. Duro. 6. Obstinado.

Aspectos positivos del 4

Éste es uno de los principales números de trabajo y, por tanto, es también uno de los números más significativos de la carta numerológica cuando se está buscando empleo o se quieren realizar cambios en el puesto laboral existente. Así pues, bajo su vibración se puede dar un trabajo firme y seguro. Este número proporciona estabilidad, en su aspecto positivo. La palabra clave con el **4** es «trabajo». Es un número que posee una vibración «de tierra». Proporciona fortaleza y practicidad.

Aspectos negativos del 4

Uno de los aspectos negativos más relevantes de este número es el de que puede aportar tiempos duros. Puede existir, por tanto, en este tiempo aspereza y dureza en el ámbito de las relaciones personales. Es muy buena época para las entrevistas laborales, pero, debido a la posible dureza en las relaciones, es necesario que usted se muestre cuidadoso y trate de ir a estas entrevistas con el ánimo más positivo posible. El **4** puede proporcionar asimismo un sentido de restricción. La vibración de este número le mostrará cómo ha de dirigirse a una posible entrevista. Usted tendrá que trabajar duramente.

El 4 en relación con la búsqueda de trabajo y el éxito profesional

El **4** constituye una de las vibraciones más importantes a la hora de encontrar trabajo o de temas relacionados con éste. La tarea de buscar empleo será, a pesar de ello, muy laboriosa. Ésta será una buena época para ver anuncios de trabajo, para mantener entrevistas y para cuanto se relacione con la búsqueda de empleo.

El **4** es un número muy proclive para que bajo su vibración se pospongan las entrevistas, y que los posibles empleadores pueden estar muy ocupados en este tiempo. Tenga mucho tacto. Utilice las vibraciones oportunas de cada día. Los días **13** y **22** de cada mes son buenos para esto, ya que constituyen formas del **4**, pero también hay que considerar los aspectos del **2**, del **3** o del **22.** Estos tres últimos números constituyen vibraciones sociales más fuertes que el simple **4.** Suavizan la dureza de este último.

Cuando se está buscando empleo, el **4** representa definitivamente una época adecuada para intentarlo. No deje nunca pasar este número cuando se encuentre en esa situación. Tampoco se olvide de descuidar la posible aspereza de este número. Manifiéstese positivo y responsable ante aquellos de quienes solicita un posible empleo.

También se puede utilizar el **4** para los cambios profesionales o los ascensos. Los cambios de empleo se le pueden presentar a usted bajo la vibración del **4,** pero sea cuidadoso cuando busque tales cambios. Debe recordar que ha de mostrarse siempre muy positivo, ya que, como hemos dicho, este número produce una actitud de dureza en la gente.

El cinco

Términos que describen al 5

1. Cambio. 2. Viajes. 3. Transitorio.
4. Libertad. 5. Visual. 6. Atracción sexual.

Aspectos positivos del 5

La vibración del **5** puede traer cambios positivos. Este número puede proporcionar también viajes y aventuras. Constituye una vibración de libertad y variedad.

Las cosas que pueden suceder bajo la vibración de este número tienen con frecuencia un carácter transitorio. El **5** puede representar un número positivo si también se aceptan y usan los cambios que aporta de forma positiva.

Asimismo, el **5** es un número muy magnético. Bajo su vibración, los sexos tienden a atraerse mutuamente. En esta época, usted resultará muy atractivo a las personas del sexo opuesto. Trate de utilizar tal atractivo tanto para la consecución de un empleo como para posibles cambios dentro de su actual puesto de trabajo.

Aspectos negativos del 5

El **5** puede ser tanto uno de los números más positivos como uno de los más problemáticos. Puede aportar también situaciones transitorias, cuando lo que usted necesita son situaciones permanentes. También es cierto que la atracción entre los sexos debe vigilarse cuidadosamente, para no hacer un uso desafortunado del poder del **5**. De igual modo, la variedad, la aventura, libertad y afan de viajes que conlleva el **5** pueden resultar negativos en algunas situaciones.

Uno de los aspectos del **5** que suele considerarse negativo es el de hacer las cosas en exceso. No obstante, y por lo general, el **5** es un número que tiende a elevar y mejorar la disposición anímica.

El 5 en relación con la búsqueda de trabajo y el éxito profesional

En lo referente a la búsqueda de empleo, el **5** puede mostrarse indistintamente bueno o malo. Con frecuencia, un empleo conseguido bajo la influencia del **5** puede resultar transitorio. El hecho de que tal empleo pueda ser así depende básicamente de la propia esencia del número, pero es conveniente tener en cuenta que un empleo transitorio puede convertirse en permanente. Algunas veces la propia estructura del puesto de trabajo puede sufrir un cambio o, en otras ocasiones, se toma la decisión de que el empleado continúe en ese puesto, una vez que se ha concluido el periodo de transitoriedad que se tenía previsto. Por todo ello, usted no deberá rechazar un trabajo por el mero hecho de que sea temporal. Primero trate de evaluar los hechos que concurren en esta situación.

Este número es también muy beneficioso para las entrevistas de trabajo. Y tal particularidad se hace más cierta cuando la entrevista se mantiene con personas del sexo opuesto. El **5** ayuda a que los otros lo vean a usted de forma positiva. Si usted se entrevista un día **5**, estará muy cerca de un día que tiene una vibración de número de trabajo, de forma que la decisión que se tome sobre quién habrá de conseguir el puesto se hará, afortunadamente, durante el tiempo en que usted se halla bajo la vibración de trabajo.

Si en una carta numerológica se toma el **5** como número descriptor, ofrecerá oportunidades satisfactorias para trabajos en los que haya que viajar, o para cualquier otro que ofrezca unas condiciones de trabajo más flexibles y libres que las inherentes a un empleo convencional de oficina. Si el **5** permanece solo, como una característica temporal, podrá utilizarse para la búsqueda de empleo en forma de entrevistas de trabajo, o como una etapa adecuada para establecer contactos.

Este número es benéfico para formalizar contactos que puedan ayudarlo en sus cambios profesionales o para conseguir ascensos. Tal característica se intensifica cuando se está tratando con personas del sexo opuesto.

El seis

Términos que describen al 6

1. Amor.	2. Alimentos.	3. Doméstico.
4. Salud.	5. Música.	6. Apariencia.

Aspectos positivos del 6

Como vibración, el número **6** posee muchas y muy diferentes posibilidades positivas. El **6** puede proporcionar confianza a quienes se encuentran bajo su influencia. También puede aportar necesidad de servicio a los demás, responsabilidad y arreglos o ajustes. Bajo la influencia de este número usted puede solucionar discusiones, tratar con temas referentes al hogar y la familia, o con aquellos que tengan que ver con la apariencia personal o la salud. Otra particularidad que se puede hallar en el **6** es su interés por la música.

Gracias a la confianza y a la responsabilidad proporcionadas por el **6**, usted puede acceder rápidamente a un puesto directivo. Utilice la confianza que otorga el **6.** Use este número para hacer amigos, contactos, y tener buen aspecto.

Usted ha de ser capaz de adaptarse bajo la influencia del **6.** No busque siempre la perfección, como suele suceder bajo el **6.**

Aspectos negativos del 6

De la misma manera que el **6** puede ser un número positivo, también puede serlo negativo. Usted puede tener problemas al tratar de aceptar las cosas tal como son. Una persona bajo la influencia del **6** puede buscar la perfección en todo cuanto le rodea. Pueden producirse conflictos en las relaciones, en la medida en que usted se muestre polémico. Generalmente, bajo el **6** la persona tiende a polemizar creyendo que no hiere al otro, pero con frecuencia la otra persona no ve la cuestión de la misma manera. La confianza adicional proporcionada por el **6** también puede acarrear dificultades al tratar con los demás.

Este número también puede producir problemas en lo tocante a preocuparse grandemente por la apariencia de las cosas. Tal vez usted ponga mucho énfasis en las formas externas de las cosas sin preocuparse por lo que hay bajo ellas. El **6** le ayudará a ver fácilmente lo que se muestra, pero tenga cuidado porque las apariencias pueden ser engañosas.

También pueden presentarse problemas domésticos o de salud bajo la vibración del **6.** Usted deberá aprender a servir y ser útil a diferentes niveles bajo el **6.** No trate de ser dominante ni intente imponer su voluntad a los demás.

El 6 en relación con la búsqueda de trabajo y el éxito profesional

En una carta numerológica en la que se trata de buscar empleo, el **6** constituye un número descriptor o modificador. Tomándolo por separado, el **6** no representa un número de trabajo en una carta numerológica. Esto quiere decir que cuando el **6** se halla solo no está significando un empleo, pero cuando se encuentra acompañado de un número de trabajo, puede ofrecer una idea del tipo de empleo que es posible encontrar. Puede tratarse de un trabajo relacionado con actividades domésticas, cocina, vestuario, salud, arte o música. Los trabajos relacionados con la medicina también se encuentran bajo el ámbito del **6.** Este número suele proporcionar empleos agradables.

La vibración del **6** es benéfica para las profesiones sanitarias y para las musicales. También los trabajos en restaurantes pueden aparecer bajo el **6.** Sea cual sea la característica con que se muestre este número, en ella estará presente el aspecto de servicio. También se puede tener la seguridad de que habrá todo el dinero que sea necesario. El **6** proporciona asimismo la posibilidad de que la personalidad del sujeto deba de ser ajustada. La vibración del **6** proporciona energía positiva para entrevistas de trabajo y mejora la apariencia física.

Bajo la influencia del **6** se presentan buenas oportunidades para cambios en su actual situación laboral. En esta época usted ofrecerá, ante aquellos con quienes trabaja, un aspecto muy bueno que da la apariencia de persona segura, inteligente y amistosa. Si en ocasiones anteriores usted tuvo miedo de hacer preguntas, éste es el mejor momento para formularlas.

El siete

Términos que describen al 7

1. Solo.	2. Sabiduría.	3. Perfeccionismo.
4. Enseñanza.	5. Oportunidad.	6. Científico o religioso.

Aspectos positivos del 7

Aunque el **7** no es un número de trabajo, actúa sobre cualquiera de ellos con los que se encuentre asociado. Es un número que proporciona una vibración tranquila y meditativa. Dicha vibración es buena para la enseñanza, la investigación o la búsqueda religiosa. El **7** no constituye un número material.

Bajo la influencia del **7** usted pasará mucho tiempo solo. Los trabajos que requieran soledad se hallan bajo la vibración del **7**.

Aspectos negativos del 7

En numerología existe una característica peculiar vinculada al 7. Con este número parece como si las cosas sucedieran de forma inesperada o por casualidad. Debido a este aspecto, cuando usted se encuentra bajo la vibración del 7 es mejor que trate de hacer cuanto se propone, incluso cuando en un principio le parezca que no va a tener éxito. Por lo general, sucederá que aquellas cosas que usted creía que no iban a salir bien, son las que resultan más exitosas, cuando se halla presente el 7.

Bajo la vibración del 7, la gente suele tener dificultades en ver las cosas como realmente son. Es posible que usted malinterprete las cosas que suceden o aquellas que oiga.

El 7 en relación con la búsqueda de trabajo y el éxito profesional

Cuando la carta numerológica se está empleando para buscar trabajo o para cambios laborales, el 7 es un número que presenta dificultades. Es precisamente su característica de imprevisibilidad lo que torna difícil este número. Esto es debido a que las personas que están intentando conseguir trabajo no están seguras de tener una buena oportunidad para lograrlo. La mejor disposición que se debe tener cuando uno está bajo la influencia del 7 es tratar de encontrar trabajo aunque se sienta que no debe hacerse.

Cuando el 7 se halla presente, el tipo de empleo que se puede conseguir será de índole tranquila y estudiosa. Se podrán encontrar trabajos vinculados con la enseñanza, la religión o la investigación. Se producirá algo inesperado con respecto al empleo.

Por lo general, resulta cierto que la gente no suele buscar aquellos empleos o aquellos cambios laborales que creen que no van a conseguir. Bajo la vibración numérica del **7**, es conveniente intentarlo. Aquello que usted creía que no iba a suceder sucederá bajo el **7**.

Este número también puede producir demoras en conseguir el puesto deseado o en las acciones necesarias para obtenerlo. No deberá permitir que esto le suceda cuando esté buscando empleo.

El ocho

Términos que describen el 8

1. Material.	2. Dinero.	3. Negocios.
4. Autoridad.	5. Valor.	6. Duro.

Aspectos positivos del 8

El **8** es el número del poder, la autoridad y las ganancias materiales. Posee vibraciones muy materiales, y bajo su influencia pueden aparecer cosas de mucha calidad. El **8** es el número bajo el cual se pueden hacer cosas a gran escala. Es posible que se produzcan grandes ingresos de dinero, poder, logros o autoridad cuando usted se halla bajo la vibración de este número. Si pretende lograr poder o autoridad, busque la vibración del **8**.

El **8** proporciona confianza y sentido de poder a quienes se encuentran bajo su influencia. Utilice esa confianza tal como viene. También puede aparecer trabajo muy duro.

Aspectos negativos del 8

De la misma forma que este número puede proporcionar aspectos positivos, también los puede ofrecer negativos. En lugar de una acumulación positiva de cosas materiales, un acercamiento negativo al número **8** puede producir ausencia de bienes materiales. Este número, por tanto, puede ocasionar pérdidas monetarias y de bienes. Es posible que ocasione graves restricciones, con pérdida de poder y de éxito. Con el **8** usted podrá hallarse o bien en la cima o en el fondo de donde actualmente se encuentra. Si este número se mostrase negativo, lo mejor es pasar de él y esperar a que cambien las vibraciones.

El 8 en relación con la búsqueda de empleo y el éxito profesional

En relación con aspectos laborales, el **8** es un número muy bueno. Constituye uno de los principales números de trabajo. Cuando el **8** se encuentra presente, puede significar una posición de poder y autoridad, o un puesto bien remunerado. El número también puede significar un trabajo muy duro, poder y éxito. Es una vibración muy material.

El **8** le dará confianza cuando busque trabajo. También le proporcionará un aire de autoridad y de competencia. Ésta es una buena época para buscar trabajo.

Cuando se encuentre en trance de solicitar empleo, no deje pasar el número **8**, porque constituye una de las mejores vibraciones para mejorar su posición laboral y lograr ascensos. Cuando se consiga un empleo bajo la influencia del **8**, seguramente tendrá un nivel más alto que otro conseguido bajo la vibración del 4.

El nueve

Términos que describen el 9

1. Enseñanza. 2. Viaje. 3. Humanitario.
4. Dar. 5. Servicio. 6. Amabilidad.

Aspectos positivos del 9

El **9** no posee vibraciones de trabajo pero puede modificar un número de trabajo. En su aspecto positivo, el **9** es un número de empeños humanitarios y constituye un número de enseñanza. El **9** proporciona una visión global de las cosas. Es igualmente una vibración intuitiva, de dádiva y comprensión.

El **9** traerá la urgencia por dar o enseñar. También crea deseos de viajar. Utilice este número para salir y hacer contactos y amigos, y establecer relaciones laborales. El **9**, en su lado positivo, hará que usted sea visto por los demás como una persona muy positiva y sociable.

Aspectos negativos del 9

En su aspecto negativo, el **9** puede aportar emociones muy fuertes. Puede ser tan egoísta como generoso.

El **9** significar el fin o la pérdida de algo. Cuando usted se encuentra bajo la vibración del **9**, tenga cuidado con estos aspectos del número. Cuide de no poner fin a algo que desearía continuar.

El 9 en relación con la búsqueda de trabajo y el éxito profesional

Aunque el **9** no es en sí mismo un número de trabajo, puede significar una ocasión muy propicia para mantener entrevistas. Esto es debido a su característica de ser un número de donación y a poseer un aspecto amable. Es también un número muy expresivo, por ello resulta muy benéfico para establecer una comunicación como, por ejemplo, una entrevista de trabajo. El **9**, en su faceta de número descriptor, puede mostrarse humanitario, viajero o pedagogo, o con las cualidades finales de una vibración laboral.

Utilice el **9** en su puesto actual. Es una vibración bajo la cual usted puede reamente progresar. Las cualidades de amabilidad y humanitarismo que usted pueda albergar quedarán evidenciadas bajo este número.

Los números maestros

El once

Términos para describir el 11

1. Religioso. 2. Repartidor. 3. Inspirador.
4. Teatro. 5. Aviación. 6. Pensamiento profundo.

Aspectos positivos del 11

El **11** no es un número material, sino justamente lo opuesto. Es el número de la intuición y de la inspiración. Puede constituir una ayuda a la hora de buscar trabajo o progresos profesionales debido a la carga de intuición que aporta.

El **11** es un número maestro. Esta vibración es una de aquellas en las que el idealismo representa un elemento muy importante. El **11** se considera el número de «Fuerza divina» y debe vivirse de manera altruista. Cuando manifiesta su aspecto positivo, constituye una vibración muy amable y generosa.

Bajo el **11** usted podrá manifestar una personalidad más radiante, y comprobará que es objeto de interés y aprecio público.

Aspectos negativos del 11

El **11** puede ser negativo cuando se maneja de forma equivocada. El **11** se denomina número de la «Fuerza divina». Bajo su vibración, las cosas de Dios, o las formas de hacer las cosas adecuadamente, deben ser lo primero. El interés por buscar lo mejor para uno, que puede darse bajo el **11**, es lo que aporta el aspecto negativo. Cuando se halle bajo el **11** trate de ser más que complaciente.

La vibración del **11** puede ponerlo nervioso, tenso y muy excitable. En estas ocasiones, usted puede sentir que tiene problemas de confianza. Tenga mucho cuidado con estos problemas de autoconfianza y nerviosismo, a fin de que pueda superarlos. El **11** puede ser la vibración de un líder, ya que tiene los aspectos inherentes al **1**, y también puede expresar las vibraciones propias de un seguidor, porque es la vibración más alta del **2**.

El 11 en relación con la búsqueda de empleo y el éxito profesional

El **11** cuando es positivo, constituye un número espiritual. No es un número de trabajo, pero puede modificar a éstos.

El **11** es benéfico para trabajar con las cosas que tienen que ver con Dios o con la religión. Esta vibración es buena para aquellos puestos en los que se necesite alguna clase de inspiración. Cuando se muestra en su aspecto positivo el **11** proporciona mucha inspiración e intuición. Es una vibración que se encuentra altamente cargada con energía nerviosa, una vibración en la que usted brillará.

Por lo general, bajo el **11** se encuentran aquellas profesiones relacionadas con la electricidad, la aviación y el teatro. Actores, pilotos y electricistas se ven influenciados por dicha vibración.

La consecución de puestos de trabajo se ve beneficiada cuando el **11** se halla en conjunción con un número de trabajo. La inspiración, que es una de las características del **11**, también resulta de ayuda a la hora de las entrevistas de trabajo, siempre que usted se muestre positivo. Durante su búsqueda de empleo, no se olvide de aquel aspecto del **11** que se denomina «Fuerza divina», y trate de vivir de acuerdo con ella. Procure ayudar a los demás cuando éstos se encuentran buscando un puesto de trabajo, de la misma forma que usted busca el suyo o procura ascender en su puesto.

Recuerde comportarse como un «donador» bajo la influencia vibratoria del **11**. Tenga presente que los ascensos y los éxitos vendrán a usted más fácilmente si procura dar más que recibir.

El veintidós

Términos que describen al 22

1. Material.
2. Grupos.
3. Humanitario.
4. Dominante.
5. Trabajo.
6. Falta de confianza.

Aspectos positivos del 22

El **22** es un excelente número de trabajo. Este número contiene en sí los aspectos del **2**, del **4** y del **11**. Es un número maestro. Constituye la vibración de un constructor maestro. El **22** es el número ideal para todo lo que signifique construir para la humanidad o para hacerlo en gran escala.

Debido a que el **22** es una forma del **4**, tiene muchas de las cualidades de este último. Sin embargo, el **22** es mucho más expansivo que el simple **4**. Es más dominante, pero, por lo general, no resulta tan duro como el **4**, porque contiene en sí al **2**.

Aspectos negativos del 22

De la misma manera que el **22** es un número positivo, también puede serlo negativo. El **22** lleva consigo todas las cualidades negativas posibles del **2**, del **4** o del **11**. Un número **22** en su aspecto negativo puede aportar trabajo muy duro o restricciones. Puesto que el **22** encierra al **11**, y este último, como podemos recordar, es el número de la «Fuerza divina», también hay que considerar al **22** de esa misma manera. Bajo su influencia, por tanto, no debe dedicarse usted a la búsqueda de sus propios intereses.

Con frecuencia, los números maestros se comportan como sus equivalentes vibracionales más bajos. En el caso del **22**, su vibración más baja la constituye el **4**; por este motivo, todos los aspectos negativos del **4** pueden aparecer con el **22**.

El 22 en relación con la búsqueda de trabajo y el éxito profesional

Bajo la influencia vibracional del **22** se pueden encontrar excelentes empleos. Esta vibración puede resultar muy humanitaria, lo cual quiere decir que resulta muy favorable para cualquier tipo de trabajo de bienestar social, empresas de tipo filantrópico, o cualquier otra que tenga que ver con la ayuda a los demás en gran escala.

Bajo la influencia del **22** se encuentran los empleos de tipo social, como los vinculados a la salud y a materias religiosas. Durante el periodo de influencia del **22**, su aspecto humanitario o de ayuda a la gente deberá constituir el punto de mira de cuantos trabajos trate de conseguir usted. Si observa cuidadosamente la vibración, se dará perfecta cuenta de que es precisamente este tipo de empleos los que surgirán en su camino.

Debido a que en el **22** se encuentran comprendidos los números **2** y **11**, no deje pasar sus vibraciones, a la hora de buscar trabajo. El **22** es una de las mejores formas del **4** para buscar empleo.

Asimismo, el **22** es un número social, lo que quiere decir que es benéfico para buscar empleo y, al mismo tiempo, para llevar a cabo cambios laborales. También puede resultar un **4** mucho más «blando» que el propio número **4**.

Más definiciones

A continuación vamos a dar una serie de definiciones que le serán necesarias a la hora de leer una carta numerológica, ya que se relacionan con la búsqueda de empleo. Se incluye en este grupo una carta de los años personales, a fin de que le resulte más fácil encontrar su año personal y poder construir así su propia carta numerológica. Tras estas definiciones expondremos un modelo de carta. Trabajaremos sobre ella, paso a paso, a fin de mostrarle cómo debe ser leída.

Logros

Se denominan **logros** todo cuanto puede obtenerse o conseguirse bajo la influencia vibracional de un mes particular. Los **logros** de cada mes se pueden encontrar en la base del triángulo de la carta numerológica, hecha para la búsqueda de trabajo y éxito profesional. Son las posiciones **h, i** y **j.** Estudie el modelo de la carta que se incluye para ver en dónde se encuentran dichas posiciones.

Dígito del día

El **dígito del día** es la fecha del día reducida lo máximo posible. Un **dígito de día** puede ser uno de los nueve números principales, o también un número maestro.

Dígito de la semana

El **dígito de la semana** es el número numerológico para la vibración de una semana específica. Puede tratarse de uno de los nueve números principales, de un número maestro o de un número compuesto. Para hallar el **dígito semanal** de los siete primeros días del mes, hay que añadir el dígito mensual y el correspondiente al del año personal, en la carta numerológica para búsqueda de empleo. Son las posiciones **a** y **b** sumadas. Para encontrar el de la segunda semana (desde el día **8** al **14**), sume el dígito del año personal y el tercer número de la línea de la base de la carta. Es la posición **b** y **c.**

Para hallar la tercera semana (desde el día **15** al **21**, incluyendo el propio **21**), sume los dígitos correspondientes a la primera y segunda semana. Son las posiciones **d** y **e,** que sumadas se convierten en la posición **f.**

Para hallar la última parte del mes, que suele ser una semana más o menos (desde el día **22** hasta final de mes), sume el dígito del mes y el de la tercera semana en la línea base. Corresponde a la posición **a** y **c** sumadas.

Dígito del mes

El **dígito mensual** es el número numerológico para el mes. Constituye el número del mes reducido al máximo. Utilice la tabla que se da a continuación para los

dígitos mensuales. El mes de noviembre es el único que resulta un poco más complicado. El **11**, número para noviembre, debe ser computado como un **2**, ya que el **11** debe tomarse en su vibración más reducida que es el **2**.

La tabla siguiente detalla los dígitos mensuales para cada mes:

Enero = 1	Julio = 7
Febrero = 2	Agosto = 8
Marzo = 3	Septiembre = 9
Abril = 4	Octubre = 10 = (1 + 0) = 1
Mayo = 5	Noviembre = 11 = (1 + 1) = 2, u 11 (número maestro)
Junio = 6	Diciembre = 12 = (1 + 2) = 3

Año universal

El **año universal** es el número numerológico para un determinado año. Se forma sumando el dígito del año y reduciéndolo hasta donde sea posible hacerlo. Todo está bajo el mismo año universal. La siguiente lista muestra el año universal de los próximos años:

1997 = 1 + 9 + 9 + 7 = 26, 26 = 2 + 6 = 8
1998 = 1 + 9 + 9 + 8 = 27, 27 = 2 + 7 = 9
1999 = 1 + 9 + 9 + 9 = 28, 28 = 2 + 8 = 10
(10 = 1 + 0 = 1) = 1
2000 = 2 + 0 + 0 + 0 = 2
2001 = 2 + 0 + 0 + 1 = 3
2002 = 2 + 0 + 0 + 2 = 4
2003 = 2 + 0 + 0 + 3 = 5

Año personal (definición y carta)

El **año personal** es el número numerológico que indica en qué manera un determinado año afectará de forma individual a una persona. Para hallar el **año personal**, encuentre primero el año universal y súmele el mes y el día de nacimiento. El mes y día de nacimiento deberán reducirse hasta donde sea posible. Por ejemplo, para hallar el **año personal** en 1999 para una persona nacida el 18 de agosto de 1952, siga los pasos que a continuación se indican:

(1) Halle el año universal para **1999. 1+9+9+9=28, 28=2+8=1.**

(2) Sumar el año universal con los del mes y el día de nacimiento. Los dígitos del mes y de la fecha de nacimiento deberán estar ya reducidos.

1 (año universal) + **8** (dígito del mes de agosto) + **9** (dígito de la fecha de nacimiento) = **18**

18=1+8=9

El **año personal** para un sujeto nacido el 18 de agosto de 1952, en el año 1999 es **9.** Esta persona tendrá el **9** como su año personal cada **9** años.

3

Creando y usando una carta numerológica

EL siguiente diagrama muestra una carta blanca numerológica para la búsqueda de trabajo. Se trata de una carta básica antes de ser rellenada. Dicha carta cubre cuatro meses.

El modelo siguiente muestra las diferentes posiciones en una carta:

(g)
(f)
(d) (e)
(a) (b) (c)
(h) (i)
(j)
nombre del mes

El modelo de carta se llenará paso a paso y posición tras posición. Primero se cubre la línea base. Esta línea la constituyen conjuntamente las posiciones **a, b** y **c.** Se comienza con la posición **a,** que es el dígito del mes. Su ubicación se muestra en el siguiente diagrama. Si lo necesita, vuelva a leer la definición de dígito de mes. Recuerde que el número para cada mes se reduce en numerología hasta su forma más baja. Noviembre puede leerse como el número maestro **11**, o el número principal **2**, dependiendo del aspecto que tenga. En la carta modelo, noviembre se mostrará como **11** en la línea base, cuando se suma, pero cuando se resta, se reducirá a **2**.

Cómo utilizar las posiciones

a, b, c Estas tres posiciones son las características básicas del mes.

d, e, f, g Estas cuatro posiciones son las características de las semanas del mes.

h, i, j Estas tres posiciones son los logros. Son lo que puede ser conseguido, logrado o sentido este mes.

Cuando utilice la numerología para buscar trabajo, vigile las vibraciones laborales del **1, 4, 8** ó **22** en cualquiera de sus posiciones.

Posición A

a 1

Enero

a 2

Febrero

a 3

Marzo

a 4

Abril

a = dígito del mes

a 5

Mayo

a 6

Junio

a 7

Julio

a 8

Agosto

a 9

Septiembre

a 1

Octubre

a = dígito del mes

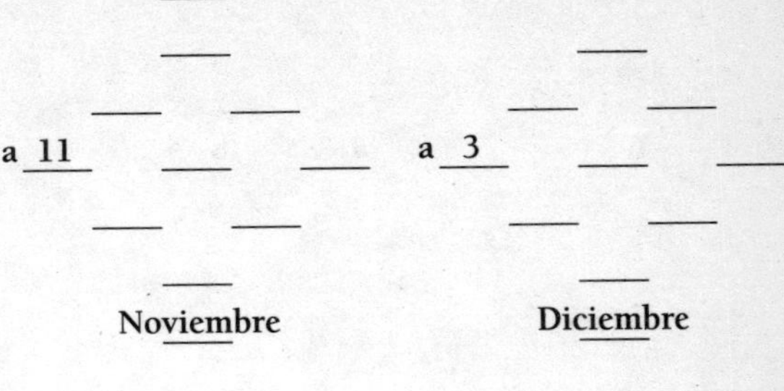

a = dígito del mes

Posición B

El siguiente paso es rellenar la posición **b** en la línea media. En esta posición, póngase el año personal del individuo para quien está hecha la carta. El año personal se encuentra sumando el dígito numerológico del día y el mes de nacimiento al año universal. Si es necesario, vuelva atrás y revise cómo se ha de encontrar el año personal. En esta carta concreta utilizaremos un modelo. Dicho modelo será el de una persona nacida el 19 de agosto. La carta numerológica será para el año 2002.

Halle el **año personal**

8 (agosto) + **1** (19 reducido) + **4** (año universal para 2002) = **13** (13 = 1 + 3) = **4**.

4 es el **año personal** en 2002 para una persona nacida el 19 de agosto. Ponga **4** en la posición **b** de la carta.

a 1 b 4

Enero

a 2 b 4

Febrero

a 3 b 4

Marzo

a 4 b 4

Abril

a 5 b 4

Mayo

a 6 b 4

Junio

a = dígito del mes
b = año personal

a 7 b 4

Julio

a 8 b 4

Agosto

a 9 b 4

Septiembre

a 1 b 4

Octubre

a 11 b 4

Noviembre

a 3 b 4

Diciembre

a = dígito del mes
b = año personal

Posición C

El paso siguiente consiste en sumar el dígito del mes y el año personal, lo que equivale a sumar la posición **a** y la posición **b**, cuyo resultado crea la posición **c.** Sume las posiciones **a** y **b** y reduzca la suma, en términos numerológicos, hasta donde sea posible.

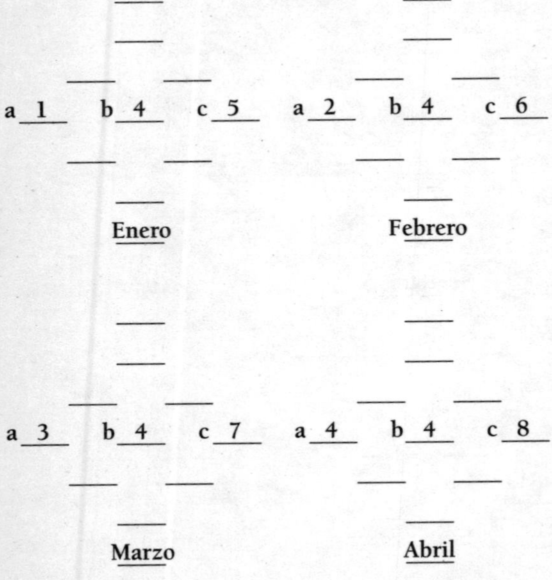

a = dígito del mes
b = año personal
c = a + b

a 5 b 4 c 9

Mayo

a 6 b 4 c 1

Junio

a 7 b 4 c 11

Julio

a 8 b 4 c 3

Agosto

a 9 b 4 c 4

Septiembre

a 1 b 4 c 5

Octubre

a = dígito del mes
b = año personal
c = a + b

a 11 b 4 c 11,4

Noviembre

a 3 b 4 c 7

Diciembre

a = dígito del mes
b = año personal
c = a + b

Posición D

La posición **d** constituye las vibraciones de la primera semana del mes. La posición **d** mostrará la característica de la primera semana, o aquello que pueda obtenerse durante la semana. Va desde el día **1** al **7**, incluyendo este último. La posición **d** se halla sumando las posiciones **a** y **b** (el año personal y el dígito del mes).

Enero

		g___		
		f___		
	d 5		e___	
a 1		b 4		c 5
	h___		i___	
		j___		

Febrero

		g___		
		f___		
	d 6		e___	
a 2		b 4		c 6
	h___		i___	
		j___		

Marzo

		g___		
		f___		
	d 7		e___	
a 3		b 4		c 7
	h___		i___	
		j___		

Abril

		g___		
		f___		
	d 8		e___	
a 4		b 4		c 8
	h___		i___	
		j___		

a = dígito del mes **c = a + b**

b = año personal **d = días 1 al 7**

g____
f____
d 9 e____
a 5 b 4 c 9
h____ i____
j____
Mayo

g____
f____
d 1 e____
a 6 b 4 c 1
h____ i____
j____
Junio

g____
f____
d 11 e____
a 7 b 4 c 11
h____ i____
j____
Julio

g____
f____
d 3 e____
a 8 b 4 c 3
h____ i____
j____
Agosto

g____
f____
d 4 e____
a 9 b 4 c 4
h____ i____
j____
Septiembre

g____
f____
d 5 e____
a 1 b 4 c 5
h____ i____
j____
Octubre

a = dígito del mes c = a + b
b = año personal d = días 1 al 7

Noviembre	Diciembre
g ____	g ____
f ____	f ____
d 11,4 e ____	d 7 e ____
a 11 b 4 c 11,4	a 3 b 4 c 7
h ____ i ____	h ____ i ____
j ____	j ____

a = dígito del mes c = a + b
b = año personal d = días 1 al 7

Posición E

La posición **e** constituye las vibraciones de la segunda semana del mes. La posición **e** mostrará las características de la segunda semana, o cuanto pueda ser obtenido en su transcurso. Comprende desde el día **8** al **14**, incluyendo el **14**. Se halla sumando las posiciones **b** y **c**.

Enero

g____
f____
d 5   e 9
a 1   b 4   c 5
h____   i____
j____

Febrero

g____
f____
d 6   e 1
a 2   b 4   c 6
h____   i____
j____

Marzo

g____
f____
d 7   e 11
a 3   b 4   c 7
h____   i____
j____

Abril

g____
f____
d 8   e 3
a 4   b 4   c 8
h____   i____
j____

a = dígito del mes **d = días 1 al 7**
b = año personal **e = días 8 al 14**
c = a + b

g____
f ____
d 9 e 4
a 5 b 4 c 9
h____ i ____
j ____
Mayo

g____
f ____
d 1 e 5
a 6 b 4 c 1
h____ i ____
j ____
Junio

g____
f ____
d 11 e 11,4
a 7 b 4 c 11
h____ i ____
j ____
Julio

g____
f ____
d 3 e 7
a 8 b 4 c 3
h____ i ____
j ____
Agosto

g____
f ____
d 4 e 8
a 9 b 4 c 4
h____ i ____
j ____
Septiembre

g____
f ____
d 5 e 9
a 1 b 4 c 5
h____ i ____
j ____
Octubre

a = dígito del mes   d = días 1 al 7
b = año personal   e = días 8 al 14
c = a + b

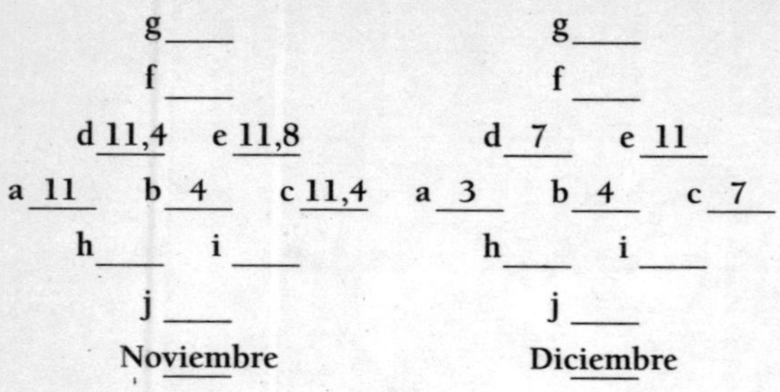

a = dígito del mes d = días 1 al 7
b = año personal e = días 8 al 14
c = a + b

Posición F

La posición **f** constituye las vibraciones de la tercera semana del mes. La posición **f** mostrará la característica de la tercera semana, o cuanto pueda obtenerse en su transcurso. Comprende desde el día **15** hasta el **21**, incluyendo al **21**. La posición **f** se halla sumando las posiciones **d** y **e** (la primera y segunda semanas).

Enero

g___
f 5
d 5 e 9
a 1 b 4 c 5
h___ i___
j___

Febrero

g___
f 7
d 6 e 1
a 2 b 4 c 6
h___ i___
j___

Marzo

g___
f 11,7
d 7 e 11
a 3 b 4 c 7
h___ i___
j___

Abril

g___
f 11
d 8 e 3
a 4 b 4 c 8
h___ i___
j___

a = dígito del mes	**d = días 1 al 7**
b = año personal	**e = días 8 al 14**
c = a + b	**f = días 15 al 21**

g____
f 4
d 9 e 4
a 5 b 4 c 9
h____ i____
j____
Mayo

g____
f 6
d 1 e 5
a 6 b 4 c 1
h____ i____
j____
Junio

g____
f 22,4
d 11 e 11,4
a 7 b 4 c 11
h____ i____
j____
Julio

g____
f 1
d 3 e 7
a 8 b 4 c 3
h____ i____
j____
Agosto

a = dígito del mes
b = año personal
c = a + b

d = días 1 al 7
e = días 8 al 14
f = días 15 al 21

Septiembre

g ___
f 3
d 4 e 8
a 9 b 4 c 4
h ___ i ___
j ___

Octubre

g ___
f 5
d 5 e 9
a 1 b 4 c 5
h ___ i ___
j ___

Noviembre

g ___
f 22,3
d 11,4 e 11,8
a 11 b 4 c 11,4
h ___ i ___
j ___

Diciembre

g ___
f 11,7
d 7 e 11
a 3 b 4 c 7
h ___ i ___
j ___

a = dígito del mes **d = días 1 al 7**
b = año personal **e = días 8 al 14**
c = a + b **f = días 15 al 21**

Al revisar la carta numerológica antes descrita, es necesario que usted preste mucha atención al mes de noviembre, ya que constituye la vibración **11**, que es un número maestro. El **11** puede añadirse a otros números maestros, pero no a los nueve números principales. La posición f, en este caso, puede escribirse **22,9** u **11,11,9.** Cuando se analice una carta numerológica, observe todas las posibilidades.

Posición G

La posición **g** constituye las vibraciones comprendidas entre el día **22** y el fin de mes. Excepto en el mes de febrero, este lapso comprenderá un poco más de una semana. La posición **g** mostrará la característica y lo que pueda obtenerse durante este periodo de tiempo. Se halla sumando las posiciones **a** y **c** con la línea base.

g 6
f 5
d 5 e 9
a 1 b 4 c 5
h____ i ____
j ____

Enero

g 8
f 7
d 6 e 1
a 2 b 4 c 6
h____ i ____
j ____

Febrero

g 1
f 11,7
d 7 e 11
a 3 b 4 c 7
h____ i ____
j ____

Marzo

g 3
f 11
d 8 e 3
a 4 b 4 c 8
h____ i ____
j ____

Abril

a = dígito del mes
b = año personal
c = a + b
d = días 1 al 7
e = días 8 al 14
f = días 15 al 21
g = días 22 hasta final de mes

	Mayo				Junio	
	g 5				g 7	
	f 4				f 6	
d 9		e 4		d 1		e 5
a 5	b 4	c 9		a 6	b 4	c 1
h ___		i ___		h ___		i ___
	j ___				j ___	

	Julio				Agosto	
	g 11,7				g 11	
	f 22,4				f 1	
d 11		e 11,4		d 3		e 7
a 7	b 4	c 11		a 8	b 4	c 3
h ___		i ___		h ___		i ___
	j ___				j ___	

a = dígito del mes
b = año personal
c = a + b
d = días 1 al 7
e = días 8 al 14
f = días 15 al 21
g = días 22 hasta final de mes

g 4
f 3
d 4 e 8
a 9 b 4 c 4
h ____ i ____
j ____
Septiembre

g 6
f 5
d 5 e 9
a 1 b 4 c 5
h ____ i ____
j ____
Octubre

g 22,4
f 22,3
d 11,4 e 11,8
a 11 b 4 c 11,4
h ____ i ____
j ____
Noviembre

g 1
f 11,7
d 7 e 11
a 3 b 4 c 7
h ____ i ____
j ____
Diciembre

a = dígito del mes
b = año personal
c = a + b
d = días 1 al 7
e = días 8 al 14
f = días 15 al 21
g = días 22 hasta final de mes

Los logros

La parte central de una carta numerológica para buscar trabajo se denomina **logros** para el mes. Esta parte de la carta se crea de forma diferente a la ya mencionada. En lugar de sumar las diferentes posiciones, se restan. Nota: Reduzca los números maestros hasta su vibración más baja, al restarlos de otro tipo de números. Pueden considerarse como números maestros, cuando se resta uno de ellos de otro también maestro. En la lista que figura en el Apéndice C se relacionan dichos logros.

Posición H

La posición **h** constituye el primero de los logros menores del mes. Se halla restando la posición **a** de la posición **b**. Reste de cualquier número mayor uno que sea menor.

	g 6			g 8	
	f 5			f 7	
d 5		e 9	d 6		e 1
a 1	b 4	c 5	a 2	b 4	c 6
h 3		i ___	h 2		i ___
	j ___			j ___	
	Enero			**Febrero**	

a = dígito del mes
b = año personal
c = a + b
d = días 1 al 7
e = días 8 al 14
f = días 15 al 21
g = días 22 hasta final de mes
h = logro menor

g 1
f 11,7
d 7 e 11
a 3 b 4 c 7
h 1 i ___
j ___
Marzo

g 3
f 11
d 8 e 3
a 4 b 4 c 8
h 0 i ___
j ___
Abril

g 5
f 4
d 9 e 4
a 5 b 4 c 9
h 1 i ___
j ___
Mayo

g 7
f 6
d 1 e 5
a 6 b 4 c 1
h 2 i ___
j ___
Junio

g 11,7
f 22,4
d 11 e 11,4
a 7 b 4 c 11
h 3 i ___
j ___
Julio

g 11
f 1
d 3 e 7
a 8 b 4 c 3
h 4 i ___
j ___
Agosto

a = dígito del mes
b = año personal
c = a + b
d = días 1 al 7
e = días 8 al 14
f = días 15 al 21
g = días 22 hasta final de mes
h = logro menor

		g 4		
		f 3		
	d 4		e 8	
a 9		b 4		c 4
	h 5		i ___	
		j ___		
		Septiembre		

		g 6		
		f 5		
	d 5		e 9	
a 1		b 4		c 5
	h 3		i ___	
		j ___		
		Octubre		

		g 22,4		
		f 22,3		
	d 11,4		e 11,8	
a 11		b 4		c 11,4
	h 2		i ___	
		j ___		
		Noviembre		

		g 1		
		f 11,7		
	d 7		e 11	
a 3		b 4		c 7
	h 1		i ___	
		j ___		
		Diciembre		

a = dígito del mes	e = días 8 al 14
b = año personal	f = días 15 al 21
c = a + b	g = días 22 hasta final de mes
d = días 1 al 7	h = logro menor

Posición I

La posición **i** constituye el segundo logro menor del mes. Se halla restando la posición **b** de la **c**. Reste de cualquier número mayor uno que sea menor. En el modelo de carta numerológica que se describe a continuación, el mes de noviembre se debe reducir a su vibración más baja de **2**, para facilitar la resta.

g 6
f 5
d 5 **e 9**
a 1 **b 4** **c 5**
h 3 **i 1**
j ___
Enero

g 8
f 7
d 6 **e 1**
a 2 **b 4** **c 6**
h 2 **i 2**
j ___
Febrero

g 1
f 11,7
d 7 **e 11**
a 3 **b 4** **c 7**
h 1 **i 3**
j ___
Marzo

g 3
f 11
d 8 **e 3**
a 4 **b 4** **c 8**
h 0 **i 4**
j ___
Abril

a = dígito del mes
b = año personal
c = a + b
d = días 1 al 7
e = días 8 al 14
f = días 15 al 21
g = días 22 hasta final de mes
h = logro menor
i = logro menor

g 5
f 4
d 9 e 4
a 5 b 4 c 9
h 1 i 5
j ___
Mayo

g 7
f 6
d 1 e 5
a 6 b 4 c 1
h 2 i 3
j ___
Junio

g 11,7
f 22,4
d 11 e 11,4
a 7 b 4 c 11
h 3 i 2
j ___
Julio

g 11
f 1
d 3 e 7
a 8 b 4 c 3
h 4 i 1
j ___
Agosto

a = dígito del mes
b = año personal
c = a + b
d = días 1 al 7
e = días 8 al 14
f = días 15 al 21
g = días 22 hasta final de mes
h = logro menor
i = logro menor

g 4

f 3

d 4 e 8

a 9 b 4 c 4

h 5 i 0

j ____

Septiembre

g 6

f 5

d 5 e 9

a 1 b 4 c 5

h 3 i 1

j ____

Octubre

g 22,4

f 22,3

d 11,4 e 11,8

a 11 b 4 c 11,4

h 2 i 2

j ____

Noviembre

g 1

f 11,7

d 7 e 11

a 3 b 4 c 7

h 1 i 3

j ____

Diciembre

a = dígito del mes
b = año personal
c = a + b
d = días 1 al 7
e = días 8 al 14
f = días 15 al 21
g = días 22 hasta final de mes
h = logro menor
i = logro menor

Posición J

La posición **j** constituye uno de los logros principales del mes. Se halla restando las posiciones **h** e **i**, que son los dos logros menores. Reste cualquier número mayor uno que sea menor.

g 6
f 5
d 5 e 9
a 1 b 4 c 5
h 3 i 1
j 2
Enero

g 8
f 7
d 6 e 1
a 2 b 4 c 6
h 2 i 2
j 0
Febrero

g 1
f 11,7
d 7 e 11
a 3 b 4 c 7
h 1 i 3
j 2
Marzo

g 3
f 11
d 8 e 3
a 4 b 4 c 8
h 0 i 4
j 4
Abril

a = dígito del mes	**f = días 15 al 21**
b = año personal	**g = días 22 hasta final de mes**
c = a + b	**h = logro menor**
d = días 1 al 7	**i = logro menor**
e = días 8 al 14	**j = logro principal**

Mayo		Junio	
g	5	g	7
f	4	f	6
d	9	d	1
e	4	e	5
a	5	a	6
b	4	b	4
c	9	c	1
h	1	h	2
i	5	i	3
j	4	j	1

Julio		Agosto	
g	11,7	g	11
f	22,4	f	1
d	11	d	3
e	11,4	e	7
a	7	a	8
b	4	b	4
c	11	c	3
h	3	h	4
i	2	i	1
j	1	j	3

a = dígito del mes
b = año personal
c = a + b
d = días 1 al 7
e = días 8 al 14
f = días 15 al 21
g = días 22 hasta final de mes
h = logro menor
i = logro menor
j = logro principal

Septiembre	Octubre
g 4	g 6
f 3	f 5
d 4 e 8	d 5 e 9
a 9 b 4 c 4	a 1 b 4 c 5
h 5 i 0	h 3 i 1
j 5	j 2

Noviembre	Diciembre
g 22,4	g 1
f 22,3	f 11,7
d 11,4 e 11,8	d 7 e 11
a 11 b 4 c 11,4	a 3 b 4 c 7
h 2 i 2	h 1 i 3
j 0	j 2

a = dígito del mes | **f = días 15 al 21**
b = año personal | **g = días 22 hasta final de mes**
c = a + b | **h = logro menor**
d = días 1 al 7 | **i = logro menor**
e = días 8 al 14 | **j = logro principal**

Cuando usted se encuentre aprendiendo a utilizar la numerología para buscar empleo, trabaje con su carta numerológica. Preste atención a cuanto sucede cada semana. Las muestras comenzarán a hacese evidentes. Siempre que se halle un número compuesto en su carta, recuerde que dicho número contiene en sí las características de todos los números que lo forman.

Utilizando los dígitos del día

Es el método para usar una carta numerológica que nos pueda decir las vibraciones existentes, o el momento más idóneo para buscar trabajo, siempre sobre una base semanal o mensual. También resulta útil e importante, en una búsqueda de trabajo, saber usar las vibraciones diarias. En esto estriba la utilización del **dígito del día.** Dicho dígito es el equivalente numerológico del número de cada día del mes. El número del día se reduce, hasta donde sea posible, en términos numerológicos.

Revise las definiciones para cada número, a fin de ver cuáles de ellos son benéficos para buscar trabajo. Unos días son más propicios para las entrevistas de trabajo que otros. Del mismo modo, ciertas fechas son mejores que otras para encontrar trabajo o para conseguir éxitos profesionales.

Recuerde que los números de trabajo básicos son el **1, 4, 8** y **22.** Cuando vea un calendario, busque todas las variaciones y posibilidades de estos números, incluyendo aquellos que tienen un dígito de esos números. Deben estar incluidos el **1.º**, **4.º**, **8.º**, **10.º**, **13.º**, **14.º**, **17.º**, **18.º**, **19.º**, **22.º**, **24.º**, **26.º**, **28.º** y **31.º**.

Con vistas a una entrevista de trabajo, recuerde que no necesariamente se ha de conseguir el empleo en el mismo día de la entrevista. Algunas veces son mejores para las entrevistas los días con más vibraciones sociales que los auténticos días de trabajo. Asegúrese de revisar bien las fechas, y compruebe los anuncios de empleo en los días de trabajo.

Los días del mes que tienen más vibraciones sociales son el **2.º**, **3.º**, **5.º**, **6.º**, **9.º**, **11.º**, **22.º**, y cualquier otro día que pueda constituir una variación de éstos o que tenga los elementos de estas vibraciones. En el calendario tales vibraciones incluirían los días **2.º**, **3.º**, **5.º**, **6.º**, **9.º**, **11.º**, **12.º**, **13.º**, **14.º**, **15.º**, **16.º**, **18.º**, **20.º**, **21.º**, **22.º**, **23.º**, **24.º**, **25.º**, **26.º**, **27.º**, **29.º**, **30.º** y **31.º**. Todos estos días son buenos para entrevistas laborales, aunque algunos de ellos no sean días de trabajo.

Estudie las características de cada día para comprobar su relación con la búsqueda de trabajo. Seguidamente exponemos las características básicas:

1.º Éste es un día de trabajo, benéfico para nuevos inicios y para conseguir independencia.

2.º Éste no es un día de trabajo, pero puede resultar benéfico para entrevistas o para hacer contactos laborales.

3.º Es un día amistoso que puede resultar bueno para las entrevistas o para convertirse en día social en una determinada posición.

4.º Es uno de los mejores días de trabajo, pero tiene una cualidad de dureza; así pues, sea cauto en las entrevistas que mantenga en este día.

5.º Es un buen día para las entrevistas, especialmente con personas del sexo opuesto. También es benéfico para actividades sociales en su actual puesto de trabajo.

6.º Constituye un buen día de entrevistas porque las cosas tienen buen aspecto y, además, el **6** aporta confianza. Use este día para dar buena impresión en su actual empleo.

7.º Parece como si las cosas sucedieran por casualidad bajo el **7**. No constituye un buen día de trabajo, ni tampoco es bueno para las entrevistas laborales.

8.º Es un día de trabajo muy bueno. Es la vibración del dinero, del poder y la autoridad.

9.º Aunque no constituye un buen día de trabajo, es muy social y puede aportar buenos sentimientos entre la gente.

10.º Es un buen día de trabajo, con las mismas características del **1º**. Existe la posibilidad de un liderazgo en este día.

11.º La vibración de este día puede ser muy amable y generosa, lo cual permite que existan buenas ocasiones para las entrevistas. Muéstrese amable, durante este día, en el puesto que actualmente ocupa.

12.º Esta vibración es una forma del **3**, que la hace benéfica para entrevistas o para realizar contactos de tipo social.

13.º Es un buen día de trabajo y también puede ser bueno para mantener entrevistas, debido al **3** y al poderoso **4**. El realizar contactos sociales en este día puede ser muy positivo, pero no permita que la dureza del **4** se le imponga.

14.º En ocasiones es un buen día de trabajo, y en otras un día asimismo benéfico para mantener entrevistas y contactos sociales. El **4** puede proporcionar aspereza.

15.º Constituye un día muy bueno para las entrevistas o para dar una buena impresión en el empleo que actualmente tiene, debido al **5** y al dominante **6.**

16.º El dominio del **7** hace parecer que las cosas suceden por casualidad. El elemento **6** puede resultar de ayuda en las entrevistas.

17.º Debido al componente **7**, parece como si las cosas sucedieran fortuitamente en este día, pero el dominante **8** puede convertirlo en un buen día de trabajo. También puede aportar poder y autoridad por casualidad.

18.º Este día es bueno para las entrevistas laborales y posee mucha vibración de trabajo. Muéstrese social en este día, tanto si se encuentra buscando trabajo como si desea ascender en su actual empleo. Promociónese.

19.º Este día tiene las mismas características que el **1.º**, pero puede mostrarse más social debido al **9**. Es un día de trabajo.

20.º Constituye un buen día para las entrevistas, pero no lo es como día de trabajo. Trate de promocionarse delicadamente en esta fecha.

21.º Este día posee los mismos elementos que el **3**. Es social y bueno para las entrevistas.

22.º Es un buen día para encontrar trabajo o para realizar cambios en su actual empleo, porque además de ser un día sociable es un buen número de trabajo.

23.º Constituye un día muy sociable, bueno para llevar a cabo entrevistas y hacer contactos.

24.º Es un buen día de entrevistas y actos sociales. Posee el componente **4** que es un buen número de trabajo.

25.º Tiene la vibración dominante del **7**, así que aquí las cosas parecen suceder por casualidad.

26.º Representa un día de trabajo muy bueno debido al dominante **8**; también es un día social, debido al **2** y al **6**.

27.º Puede constituir un buen día para las entrevistas y los contactos sociales. Debido al **7**, parece como si las cosas sucedieran fortuitamente.

28.º Es un buen número de trabajo. Posee las características del **1**, pero es más suave, debido al elemento **2**.

29.º Este día tiene las características del **11** o las del **2**. Puede ser benéfico para las entrevistas, o también puede proporcionarle seguridad en su puesto actual.

30.º Es un buen día social y benéfico para mantener entrevistas. Trate de promocionarse en su empleo actual.

31.º Este día puede ser igualmente bueno para las entrevistas y para la búsqueda de empleo. También puede ser muy benéfico para buscar cambios en su actual empleo. No permita que los aspectos que posee el **4** le tornen muy rudo.

Conclusión

EL valor y la utilidad que tiene el aprender a usar la numerología para encontrar trabajo resulta evidente, en la medida en que constituye una ayuda en dicha búsqueda. Permite saber cuál es el momento más adecuado para una entrevista, o cuándo surgirán los mejores empleos o las ayudas más importantes en dicha búsqueda o en la realización de una profesión. Se elimina así una pérdida de tiempo, y se reducen la frustración y el esfuerzo inherentes a toda búsqueda de empleo.

La numerología también es valiosa una vez que se ha conseguido un puesto, o se ha comenzado una carrera. El conocimiento de la numerología le permitirá saber cuándo debe intentar un ascenso o una promoción en su empleo o en su carrera. Siguiendo de forma acertada los números de trabajo, usted puede saber cuándo conviene que se cambie de empleo y cuándo ha de intentar una promoción profesional. De esta forma podrá llevar a cabo esos cambios en el momento oportuno.

La forma en que funciona consiste en que usted sepa conjugar las vibraciones convenientes para realizar lo que está intentando hacer. Las vibraciones no pueden garantizar un empleo, un cambio o un ascenso, pero sin ellas tales cosas nunca se producirán.

Otra de las razones para aprender a utilizar la numerología, a la hora de buscar trabajo, es la de conseguir una comprensión y un aprecio más profundos de la vida. La numerología nos muestra que existe algo tras todo lo que vemos. Nos habla de que una inteligencia que se encuentra más allá de nuestra comprensión —algunos dicen que se trata de una inteligencia infinita— se halla detrás del fenómeno que denominamos vida. Dicha inteligencia es lo que se suele denominar «Dios», u otros términos que significan lo mismo, dependiendo de las diferentes culturas. Esta inteligencia puede verse de muchas maneras (en algunas culturas se la considera sin forma alguna), pero su vastedad debería resultar evidente, al margen de lo que cada cultura entienda por el concepto de «Dios».

Si usted llega a trabajar con numerología durante largo tiempo, aunque sea en uno solo de sus aspectos, como puede ser la búsqueda de trabajo, se dará cuenta de que solamente la existencia de una inteligencia que se halla más allá de la comprensión pudo haber reunido tal sorprendente cantidad de vibraciones. Dicha inteligencia realiza las cosas de una forma en la que tales vibraciones se expresan mediante números. Incluso una actividad diaria, a menudo de índole materialista, como puede serlo la consecución de un empleo, se ve afectada y, con frecuencia, alterada por esas vibraciones. La comprensión de esas vibraciones a través de la numerología puede constituir una prueba de la existencia de Dios.

Apéndices

Las siguientes páginas de apéndices le mostrarán cómo debe estudiarse cada año personal en una carta numerológica. Tales cartas están hechas para los años personales con números simples. Existen años personales con números compuestos, pero, debido a que se producen muchas variaciones en tal tipo de números, sólo vamos a mostrar los números simples de los años personales. Si usted posee un número compuesto como año personal, convierta dicho número compuesto en uno simple. Ello dará las vibraciones del año lo suficientemente aproximadas como para comprender la esencia básica de las vibraciones existentes en ese periodo de tiempo.

Cuando se proceda a realizar restas en estas cartas numerológicas para encontrar los logros de cada mes, si hay que restar números maestros de otros que no lo sean, los números maestros deberán reducirse primero a su vibración más baja. Los números negativos también se convertirán en positivos, a fin de facilitar la lectura de la carta.

Apéndice A

Año personal 1

g 3
f 5
d 2 e 3
a 1 b 1 c 2
h 0 i 1
j 0
Enero

g 5
f 7
d 3 e 4
a 2 b 1 c 3
h 1 i 2
j 1
Febrero

g 7
f 9
d 4 e 5
a 3 b 1 c 4
h 2 i 3
j 1
Marzo

g 9
f 11
d 5 e 6
a 4 b 1 c 5
h 3 i 4
j 1
Abril

a = dígito del mes
b = año personal
c = a + b
d = días 1 al 7
e = días 8 al 14
f = días 15 al 21
g = días 22 hasta final de mes
h = logro menor
i = logro menor
j = logro principal

Mayo

		g 11		
		f 4		
	d 6		e 7	
a 5		b 1		c 6
	h 4		i 5	
		j 1		

Junio

		g 4		
		f 6		
	d 7		e 8	
a 6		b 1		c 7
	h 5		i 6	
		j 1		

Julio

		g 6		
		f 8		
	d 8		e 9	
a 7		b 1		c 8
	h 6		i 7	
		j 1		

Agosto

		g 8		
		f 1		
	d 9		e 1	
a 8		b 1		c 9
	h 7		i 8	
		j 1		

a = dígito del mes
b = año personal
c = a + b
d = días 1 al 7
e = días 8 al 14
f = días 15 al 21
g = días 22 hasta final de mes
h = logro menor
i = logro menor
j = logro principal

g 1
f 3
d 1 e 2
a 9 b 1 c 1
h 8 i 0
j 8

Septiembre

g 3
f 5
d 2 e 3
a 1 b 1 c 2
h 0 i 1
j 1

Octubre

g 22,1
f 22,3
d 11,1 e 11,2
a 11 b 1 c 11,1
h 1 i 2
j 1

Noviembre

g 7
f 9
d 4 e 5
a 3 b 1 c 4
h 2 i 3
j 1

Diciembre

a = dígito del mes
b = año personal
c = a + b
d = días 1 al 7
e = días 8 al 14
f = días 15 al 21
g = días 22 hasta final de mes
h = logro menor
i = logro menor
j = logro principal

Año personal 2

g 4
f 8
d 3 e 5
a 1 b 2 c 3
h 1 i 1
j 0
Enero

g 7
f 11
d 4 e 7
a 2 b 2 c 5
h 1 i 3
j 2
Febrero

g 8
f 3
d 5 e 7
a 3 b 2 c 5
h 1 i 3
j 2
Marzo

g 1
f 5
d 6 e 8
a 4 b 2 c 6
h 2 i 4
j 2
Abril

a = dígito del mes
b = año personal
c = a + b
d = días 1 al 7
e = días 8 al 14
f = días 15 al 21
g = días 22 hasta final de mes
h = logro menor
i = logro menor
j = logro principal

g 3
f 7
d 7 e 9
a 5 b 2 c 7
h 3 i 5
j 2
Mayo

g 5
f 9
d 8 e 1
a 6 b 2 c 8
h 4 i 6
j 2
Junio

g 7
f 11,9
d 9 e 11
a 7 b 2 c 9
h 5 i 7
j 2
Julio

g 9
f 4
d 1 e 3
a 8 b 2 c 1
h 6 i 1
j 5
Agosto

a = dígito del mes
b = año personal
c = a + b
d = días 1 al 7
e = días 8 al 14
f = días 15 al 21
g = días 22 hasta final de mes
h = logro menor
i = logro menor
j = logro principal

Septiembre			Octubre		
	g 11,9			g 4	
	f 22,2			f 8	
d 11		e 11,2	d 3		e 5
a 9	b 2	c 11	a 1	b 2	c 3
h 7		i 0	h 1		i 1
	j 7			j 0	

Noviembre			Diciembre		
	g 22,2			g 8	
	f 22,6			f 3	
d 11,2		e 11,4	d 5		e 7
a 11	b 2	c 11,2	a 3	b 2	c 5
h 0		i 2	h 1		i 3
	j 2			j 2	

a = dígito del mes
b = año personal
c = a + b
d = días 1 al 7
e = días 8 al 14
f = días 15 al 21
g = días 22 hasta final de mes
h = logro menor
i = logro menor
j = logro principal

Año personal 3

g 5
f 11
d 4 e 7
a 1 b 3 c 4
h 2 i 1
j 1
Enero

g 7
f 4
d 5 e 8
a 2 b 3 c 5
h 1 i 2
j 1
Febrero

g 9
f 6
d 6 e 9
a 3 b 3 c 6
h 0 i 3
j 3
Marzo

g 11
f 8
d 7 e 1
a 4 b 3 c 7
h 1 i 4
j 3
Abril

a = dígito del mes
b = año personal
c = a + b
d = días 1 al 7
e = días 8 al 14
f = días 15 al 21
g = días 22 hasta final de mes
h = logro menor
i = logro menor
j = logro principal

Mayo

g 4
f 11,8
d 8 e 11
a 5 b 3 c 8
h 2 i 5
j 3

Junio

g 6
f 3
d 9 e 3
a 6 b 3 c 9
h 3 i 6
j 3

Julio

g 8
f 5
d 1 e 4
a 7 b 3 c 1
h 4 i 2
j 2

Agosto

g 11,8
f 22,3
d 11 e 11,3
a 8 b 3 c 11
h 5 i 1
j 4

a = dígito del mes	f = días 15 al 21
b = año personal	g = días 22 hasta final de mes
c = a + b	h = logro menor
d = días 1 al 7	i = logro menor
e = días 8 al 14	j = logro principal

g 3
f 9
d 3 e 6
a 9 b 3 c 3
h 6 i 0
j 6
Septiembre

g 5
f 11
d 4 e 7
a 1 b 3 c 4
h 2 i 1
j 1
Octubre

g 22,3
f 22,9
d 11,3 e 11,6
a 11 b 3 c 11,3
h 1 i 2
j 1
Noviembre

g 9
f 6
d 6 e 9
a 3 b 3 c 6
h 0 i 3
j 3
Diciembre

a = dígito del mes
b = año personal
c = a + b
d = días 1 al 7
e = días 8 al 14
f = días 15 al 21
g = días 22 hasta final de mes
h = logro menor
i = logro menor
j = logro principal

Año personal 4

Enero

g 6
f 5
d 5 e 9
a 1 b 4 c 5
h 3 i 1
j 2

Febrero

g 8
f 7
d 6 e 1
a 2 b 4 c 6
h 2 i 2
j 0

Marzo

g 1
f 11,7
d 7 e 11
a 3 b 4 c 7
h 1 i 3
j 2

Abril

g 3
f 11
d 8 e 3
a 4 b 4 c 8
h 0 i 4
j 4

a = dígito del mes	f = días 15 al 21
b = año personal	g = días 22 hasta final de mes
c = a + b	h = logro menor
d = días 1 al 7	i = logro menor
e = días 8 al 14	j = logro principal

	Mayo			Junio	
	g 5			g 7	
	f 4			f 6	
d 9		e 4	d 1		e 5
a 5	b 4	c 9	a 6	b 4	c 1
h 1		i 5	h 2		i 3
	j 4			j 1	

	Julio			Agosto	
	g 11,7			g 11	
	f 22,4			f 1	
d 11		e 11,4	d 3		e 7
a 7	b 4	c 11	a 8	b 4	c 3
h 3		i 2	h 4		i 11
	j 1			j 3	

a = dígito del mes
b = año personal
c = a + b
d = días 1 al 7
e = días 8 al 14
f = días 15 al 21
g = días 22 hasta final de mes
h = logro menor
i = logro menor
j = logro principal

g 4
f 3
d 4 e 8
a 9 b 4 c 4
h 5 i 0
j 5
Septiembre

g 6
f 5
d 5 e 9
a 1 b 4 c 5
h 3 i 1
j 2
Octubre

g 22,4
f 22,3
d 11,4 e 11,8
a 11 b 4 c 11,4
h 2 i 2
j 0
Noviembre

g 1
f 11,7
d 7 e 11
a 3 b 4 c 7
h 1 i 3
j 2
Diciembre

a = dígito del mes
b = año personal
c = a + b
d = días 1 al 7
e = días 8 al 14
f = días 15 al 21
g = días 22 hasta final de mes
h = logro menor
i = logro menor
j = logro principal

Año personal 5

Enero	Febrero
g 7	g 9
f 11,6	f 1
d 6 e 11	d 7 e 3
a 1 b 5 c 6	a 2 b 5 c 7
h 4 i 1	h 3 i 2
j 3	j 1

Marzo	Abril
g 11	g 4
f 3	f 5
d 8 e 4	d 9 e 5
a 3 b 5 c 8	a 4 b 5 c 9
h 2 i 3	h 1 i 4
j 1	j 3

a = dígito del mes
b = año personal
c = a + b
d = días 1 al 7
e = días 8 al 14
f = días 15 al 21
g = días 22 hasta final de mes
h = logro menor
i = logro menor
j = logro principal

Mayo

- g 6
- f 7
- d 1 — e 6
- a 5 — b 5 — c 1
- h 0 — i 4
- j 4

Junio

- g 11,6
- f 22,5
- d 11 — e 11,5
- a 6 — b 5 — c 11
- h 1 — i 3
- j 2

Julio

- g 1
- f 11
- d 3 — e 8
- a 7 — b 5 — c 3
- h 2 — i 2
- j 0

Agosto

- g 3
- f 4
- d 4 — e 9
- a 8 — b 5 — c 4
- h 3 — i 1
- j 2

a = dígito del mes
b = año personal
c = a + b
d = días 1 al 7
e = días 8 al 14
f = días 15 al 21
g = días 22 hasta final de mes
h = logro menor
i = logro menor
j = logro principal

g 5

f 6

d 5 e 1

a 9 b 5 c 5

h 4 i 0

j 4

Septiembre

g 7

f 11,6

d 6 e 11

a 1 b 5 c 6

h 4 i 1

j 3

Octubre

g 22,5

f 22,6

d 11,5 e 11,1

a 11 b 5 c 11,5

h 3 i 2

j 1

Noviembre

g 11

f 3

d 8 e 4

a 3 b 5 c 8

h 2 i 3

j 1

Diciembre

a = dígito del mes
b = año personal
c = a + b
d = días 1 al 7
e = días 8 al 14
f = días 15 al 21
g = días 22 hasta final de mes
h = logro menor
i = logro menor
j = logro principal

Año personal 6

g 8
f 11
d 7 e 4
a 1 b 6 c 7
h 5 i 1
j 4
Enero

g 1
f 4
d 8 e 5
a 2 b 6 c 8
h 4 i 2
j 2
Febrero

g 3
f 6
d 9 e 6
a 3 b 6 c 9
h 3 i 3
j 0
Marzo

g 5
f 8
d 1 e 7
a 4 b 6 c 1
h 2 i 5
j 3
Abril

a = dígito del mes
b = año personal
c = a + b
d = días 1 al 7
e = días 8 al 14
f = días 15 al 21
g = días 22 hasta final de mes
h = logro menor
i = logro menor
j = logro principal

Mayo	Junio
g 11,5	g 9
f 22,6	f 3
d 11 e 11,6	d 3 e 9
a 5 b 6 c 11	a 6 b 6 c 3
h 1 i 4	h 0 i 3
j 3	j 3

Julio	Agosto
g 11	g 4
f 5	f 11,5
d 4 e 1	d 5 e 11
a 7 b 6 c 4	a 8 b 6 c 5
h 1 i 2	h 2 i 1
j 1	j 1

a = dígito del mes
b = año personal
c = a + b
d = días 1 al 7
e = días 8 al 14
f = días 15 al 21
g = días 22 hasta final de mes
h = logro menor
i = logro menor
j = logro principal

Septiembre		Octubre	
g	6	g	8
f	9	f	11
d	6	d	7
e	3	e	4
a	9	a	1
b	6	b	6
c	6	c	7
h	3	h	5
i	0	i	1
j	3	j	4

Noviembre		Diciembre	
g	22,6	g	3
f	22,9	f	6
d	11,6	d	9
e	11,3	e	6
a	11	a	3
b	6	b	6
c	11,6	c	9
h	4	h	3
i	2	i	3
j	2	j	0

a = dígito del mes
b = año personal
c = a + b
d = días 1 al 7
e = días 8 al 14
f = días 15 al 21
g = días 22 hasta final de mes
h = logro menor
i = logro menor
j = logro principal

Año personal 7

Enero

g 9
f 5
d 8 e 6
a 1 b 7 c 8
h 6 i 1
j 5

Febrero

g 11
f 7
d 9 e 7
a 2 b 7 c 9
h 5 i 2
j 3

Marzo

g 4
f 9
d 1 e 8
a 3 b 7 c 1
h 4 i 6
j 2

Abril

g 11,4
f 22,7
d 11 e 11,7
a 4 b 7 c 11
h 3 i 5
j 2

a = dígito del mes	f = días 15 al 21
b = año personal	g = días 22 hasta final de mes
c = a + b	h = logro menor
d = días 1 al 7	i = logro menor
e = días 8 al 14	j = logro principal

Mayo		Junio	
g 8		g 1	
f 4		f 11,4	
d 3	e 1	d 4	e 11
a 5	b 7 / c 3	a 6	b 7 / c 4
h 2	i 4	h 1	i 3
j 2		j 2	

Julio		Agosto	
g 3		g 5	
f 8		f 1	
d 5	e 3	d 6	e 4
a 7	b 7 / c 5	a 8	b 7 / c 6
h 0	i 2	h 1	i 1
j 2		j 0	

a = dígito del mes
b = año personal
c = a + b
d = días 1 al 7
e = días 8 al 14
f = días 15 al 21
g = días 22 hasta final de mes
h = logro menor
i = logro menor
j = logro principal

	Septiembre	Octubre
g	7	9
f	3	5
d	7	8
e	5	6
a	9	1
b	7	7
c	7	8
h	2	6
i	0	1
j	2	5

	Noviembre	Diciembre
g	22,7	4
f	22,3	9
d	11,7	1
e	11,5	8
a	11	3
b	7	7
c	11,7	1
h	5	4
i	2	6
j	3	2

a = dígito del mes
b = año personal
c = a + b
d = días 1 al 7
e = días 8 al 14
f = días 15 al 21
g = días 22 hasta final de mes
h = logro menor
i = logro menor
j = logro principal

Año personal 8

g 1
f 8
d 9 e 8
a 1 b 8 c 9
h 7 i 1
j 6
Enero

g 3
f 1
d 1 e 9
a 2 b 8 c 1
h 6 i 7
j 1
Febrero

g 11,3
f 22,8
d 11 e 11,8
a 3 b 8 c 11
h 5 i 6
j 1
Marzo

g 7
f 11,3
d 3 e 11
a 4 b 8 c 3
h 4 i 5
j 1
Abril

a = dígito del mes
b = año personal
c = a + b
d = días 1 al 7
e = días 8 al 14
f = días 15 al 21
g = días 22 hasta final de mes
h = logro menor
i = logro menor
j = logro principal

g 9

f 7

d 4 e 3

a 5 b 8 c 4

h 3 i 4

j 1

Mayo

g 11

f 9

d 5 e 4

a 6 b 8 c 5

h 2 i 3

j 1

Junio

g 4

f 11

d 6 e 5

a 7 b 8 c 6

h 1 i 2

j 1

Julio

g 6

f 4

d 7 e 6

a 8 b 8 c 7

h 0 i 1

j 1

Agosto

a = dígito del mes
b = año personal
c = a + b
d = días 1 al 7
e = días 8 al 14
f = días 15 al 21
g = días 22 hasta final de mes
h = logro menor
i = logro menor
j = logro principal

Septiembre	Octubre
g 8	g 1
f 6	f 8
d 8 e 7	d 9 e 8
a 9 b 8 c 8	a 1 b 8 c 9
h 1 i 0	h 7 i 1
j 1	j 6

Noviembre	Diciembre
g 22,8	g 11,3
f 22,6	f 22,8
d 11,8 e 11,7	d 11 e 11,8
a 11 b 8 c 11,8	a 3 b 8 c 11
h 6 i 7	h 5 i 6
j 1	j 1

a = dígito del mes
b = año personal
c = a + b
d = días 1 al 7
e = días 8 al 14
f = días 15 al 21
g = días 22 hasta final de mes
h = logro menor
i = logro menor
j = logro principal

Año personal 9

Enero		Febrero	
g 2		g 11,2	
f 2		f 22,9	
d 1	e 1	d 11	e 11,9
a 1	b 9	c 1	
		a 2	b 9	c 11
h 8	i 8	h 7	i 7
j 0		j 0	

Enero
- g 2
- f 2
- d 1, e 1
- a 1, b 9, c 1
- h 8, i 8
- j 0

Febrero
- g 11,2
- f 22,9
- d 11, e 11,9
- a 2, b 9, c 11
- h 7, i 7
- j 0

Marzo
- g 6
- f 6
- d 3, e 3
- a 3, b 9, c 3
- h 6, i 6
- j 0

Abril
- g 8
- f 8
- d 4, e 4
- a 4, b 9, c 4
- h 5, i 5
- j 0

a = dígito del mes
b = año personal
c = a + b
d = días 1 al 7
e = días 8 al 14
f = días 15 al 21
g = días 22 hasta final de mes
h = logro menor
i = logro menor
j = logro principal

g 1
f 1
d 5 e 5
a 5 b 9 c 5
h 4 i 4
j 0
Mayo

g 3
f 3
d 6 e 6
a 6 b 9 c 6
h 3 i 3
j 0
Junio

g 5
f 5
d 7 e 7
a 7 b 9 c 7
h 2 i 2
j 0
Julio

g 7
f 7
d 8 e 8
a 8 b 9 c 8
h 1 i 1
j 0
Agosto

a = dígito del mes
b = año personal
c = a + b
d = días 1 al 7
e = días 8 al 14
f = días 15 al 21
g = días 22 hasta final de mes
h = logro menor
i = logro menor
j = logro principal

Septiembre		Octubre	
g	9	g	2
f	9	f	2
d	9	d	1
e	9	e	1
a	9	a	1
b	9	b	9
c	9	c	1
h	0	h	8
i	0	i	8
j	0	j	0

Noviembre		Diciembre	
g	22,9	g	6
f	22,9	f	6
d	11,9	d	3
e	11,9	e	3
a	11	a	3
b	9	b	9
c	11,9	c	3
h	7	h	6
i	7	i	6
j	0	j	0

a = dígito del mes
b = año personal
c = a + b
d = días 1 al 7
e = días 8 al 14
f = días 15 al 21
g = días 22 hasta final de mes
h = logro menor
i = logro menor
j = logro principal

Año personal 11

Enero

	g 11,2	
	f 33,2	
d 11,1		e 22,1
a 1	b 11	c 11,1
h 1		i 1
	j 0	

Febrero

	g 11,4	
	f 33,4	
d 11,2		e 22,2
a 2	b 11	c 11,2
h 0		i 2
	j 2	

Marzo

	g 11,6	
	f 33,6	
d 11,3		e 22,3
a 3	b 11	c 11,3
h 1		i 3
	j 2	

Abril

	g 11,8	
	f 33,8	
d 11,4		e 22,4
a 4	b 11	c 11,4
h 2		i 4
	j 2	

a = dígito del mes
b = año personal
c = a + b
d = días 1 al 7
e = días 8 al 14
f = días 15 al 21
g = días 22 hasta final de mes
h = logro menor
i = logro menor
j = logro principal

g 11,1
f 33,1
d 11,5 e 22,5
a 5 b 11 c 11,5
h 23 i 5
j 2
Mayo

g 11,3
f 33,3
d 11,6 e 22,6
a 6 b 11 c 11,6
h 4 i 6
j 2
Junio

g 11,5
f 33,5
d 11,7 e 22,7
a 7 b 11 c 11,7
h 5 i 7
j 2
Julio

g 11,7
f 33,7
d 11,8 e 22,8
a 8 b 1 c 11,8
h 6 i 1
j 5
Agosto

a = dígito del mes
b = año personal
c = a + b
d = días 1 al 7
e = días 8 al 14
f = días 15 al 21
g = días 22 hasta final de mes
h = logro menor
i = logro menor
j = logro principal

Septiembre

g 11,9
f 33,9
d 11,9 e 22,9
a 9 b 11 c 11,9
h 7 i 0
j 7

Octubre

g 11,2
f 33,2
d 11,1 e 22,1
a 1 b 11 c 11,1
h 1 i 1
j 0

Noviembre

g 33
f 55
d 22 e 33
a 11 b 11 c 22
h 0 i 11
j 11

Diciembre

g 11,6
f 33,6
d 11,3 e 22,3
a 3 b 11 c 11,3
h 1 i 3
j 2

a = dígito del mes
b = año personal
c = a + b
d = días 1 al 7
e = días 8 al 14
f = días 15 al 21
g = días 22 hasta final de mes
h = logro menor
i = logro menor
j = logro principal

Año personal 22

Enero

g 22,2
f 66,2
d 22,1 e 44,1
a 1 b 22 c 22,1
h 3 i 1
j 2

Febrero

g 22,4
f 66,4
d 22,2 e 44,2
a 2 b 22 c 22,2
h 2 i 2
j 0

Marzo

g 22,6
f 66,6
d 22,3 e 44,3
a 3 b 22 c 22,3
h 1 i 3
j 2

Abril

g 22,8
f 66,8
d 22,4 e 44,4
a 4 b 22 c 22,4
h 0 i 4
j 4

a = dígito del mes	f = días 15 al 21
b = año personal	g = días 22 hasta final de mes
c = a + b	h = logro menor
d = días 1 al 7	i = logro menor
e = días 8 al 14	j = logro principal

g 22,1
f 66,1
d 22,5 e 44,5
a 5 b 22 c 22,5
h 1 i 5
j 4
Mayo

g 22,3
f 66,3
d 22,6 e 44,6
a 6 b 22 c 22,6
h 2 i 3
j 1
Junio

g 22,5
f 66,5
d 22,7 e 44,7
a 7 b 22 c 22,7
h 3 i 2
j 1
Julio

g 22,7
f 66,7
d 22,8 e 44,8
a 8 b 22 c 22,8
h 4 i 1
j 3
Agosto

a = dígito del mes	f = días 15 al 21
b = año personal	g = días 22 hasta final de mes
c = a + b	h = logro menor
d = días 1 al 7	i = logro menor
e = días 8 al 14	j = logro principal

	Septiembre	Octubre	Noviembre	Diciembre
g	22,9	22,2	44	22,6
f	66,9	66,2	88	66,6
d	22,9	22,1	33	22,3
e	44,9	44,1	55	44,3
a	9	1	11	3
b	22	22	22	22
c	22,9	22,1	33	22,3
h	5	3	11	1
i	0	1	11	3
j	5	2	0	2

a = dígito del mes
b = año personal
c = a + b
d = días 1 al 7
e = días 8 al 14
f = días 15 al 21
g = días 22 hasta final de mes
h = logro menor
i = logro menor
j = logro principal

Apéndice B

Carta en blanco para uso personal

g____
f ____
d____ e____
a____ b____ c____
h____ i ____
j ____
Enero

g____
f ____
d____ e____
a____ b____ c____
h____ i ____
j ____
Febrero

g____
f ____
d____ e____
a ____ b____ c____
h____ i ____
j ____
Marzo

g____
f ____
d____ e____
a ____ b____ c____
h____ i ____
j ____
Abril

a = dígito del mes
b = año personal
c = a + b
d = días 1 al 7
e = días 8 al 14
f = días 15 al 21
g = días 22 hasta final de mes
h = logro menor
i = logro menor
j = logro principal

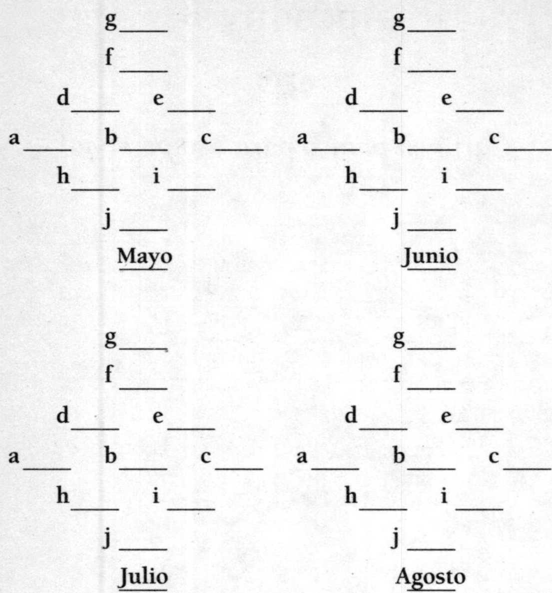

a = dígito del mes	**f = días 15 al 21**
b = año personal	**g = días 22 hasta final de mes**
c = a + b	**h = logro menor**
d = días 1 al 7	**i = logro menor**
e = días 8 al 14	**j = logro principal**

g____
f ____
d____ e____
a____ b____ c____
h____ i ____
j ____
Septiembre

g____
f ____
d____ e____
a____ b____ c____
h____ i ____
j ____
Octubre

g____
f ____
d____ e____
a____ b____ c____
h____ i ____
j ____
Noviembre

g____
f ____
d____ e____
a____ b____ c____
h____ i ____
j ____
Diciembre

a = dígito del mes	f = días 15 al 21
b = año personal	g = días 22 hasta final de mes
c = a + b	h = logro menor
d = días 1 al 7	i = logro menor
e = días 8 al 14	j = logro principal

Apéndice C

Características de los logros

Logro 0

1. No hay problemas. 2. Nada nuevo.
3. Ningún logro específico.

Logro 1

1. Trabajo. 2. Un cambio en el puesto.
3. Un nuevo inicio. 4. Liderazgo. 5. Independencia.
6. Soledad.

Logro 2

1. Dependencia. 2. Doblez. 3. Afección.
4. Seguimiento. 5. Falta de dinero. 6. Subordinación.

Logro 3

1. Amigos. 2. Situaciones sociales. 3. Agrado.
4. Niños. 5. Animales domésticos. 6. Creatividad.
7. Felicidad.

Logro 4

1. Trabajo. 2. Restricciones. 3. Dureza.
4. Dependencia. 5. Tenacidad.

Logro 5

1. Cambio. 2. Transitoriedad.
3. Atracción hacia el sexo opuesto. 4. Fiestas.
5. Viaje.

Logro 6

1. Amor. 2. Hogar. 3. Familia.
4. Salud o enfermedad. 5. Buena apariencia.
6. Audiencia. 7. Confianza.

Logro 7

1. Inesperado. 2. Demora. 3. Soledad.
4. Enseñanza. 5. Religión. 6. Ciencia e investigación.
7. Por casualidad.

Logro 8

1. Trabajo. 2. Autoridad. 3. Poder.
4. Cosas materiales. 5. Dinero.

Logro 9

1. Viaje. 2. Enseñanza. 3. Finales o principio.
4. Tareas humanitarias. 5. Amabilidad.

Logro 11

1. Religión. 2. Inspiración. 3. Luces. 4. Teatro.
5. Aviación. 6. Habilidades psíquicas.
7. Telacionado con Dios.

Logro 22

1. Trabajo. 2. Empleo humanitario. 3. Grupo.
4. Dominación.

Glosario

Logros

Los **logros** son todo aquello que puede ser conseguido o logrado bajo las vibraciones de un mes concreto. Los **logros** para cada mes se hallan en el triángulo del fondo de la carta numerológica para búsqueda de trabajo.

Números compuestos

Se denominan **números compuestos** a la combinación de los nueve números principales y de los números maestros, o también la combinación de números maestros con otros de la misma índole. Los **números compuestos** se escriben con comas entre los diferentes elementos del número, para mostrar precisamente dichos elementos. Los **números compuestos** se forman debido a que los números maestros no pueden ser descompuestos. Ejemplos de números compuestos son **(11,2)**, **(11,5)**, **(22,1)**, **(22,3)** o **(22,6)**.

Dígito del día

El **dígito del día** es la fecha del día reducida, hasta donde pueda conseguirse, en términos numerológicos.

Un **dígito del día** puede ser uno de los nueve números principales o un número maestro.

Números descriptores

Los **números descriptores** son aquellos números que, a pesar de no constituir números de trabajo en sí mismos, pueden ayudar a describir un número de trabajo, una vibración o situación de trabajo o la vibración de un periodo de tiempo. Los principales **números descriptores** son el **2, 3, 5, 6, 7, 9** y **11**. Los **números descriptores** pueden ser números simples o parte de números compuestos.

Nueve números principales

Los **nueve números principales** en numerología son los comprendidos del **1** al **9**. Estos números representan diferentes vibraciones que corresponden a las características del día, o a lo que puede suceder durante un periodo de tiempo.

Números maestros

Los **números maestros** son el **11**, **22** y **33** y otros que asimismo se encuentran compuestos de los mismos dígitos dobles. Estos números representan una vibración más intensa que las producidas por los nueve números principales. Los **números maestros** tiene la particularidad de permanecer solos. Tal hecho significa que ni se descomponen ni se suman a otros números. Pueden combinarse con otros, pero por lo general no se reducen. Sin embargo, y para simplificar la comprensión, en ciertas ocasiones pueden reducirse.

Dígito del mes

El **dígito del mes** es el número que numerológicamente corresponde al mes. Es el número del mes reducido hasta su última expresión. Utilice la lista que damos seguidamente para los **dígitos mensuales.** El mes de noviembre es el único que resulta un poco más complicado. El **11** del número de noviembre debería ser tomado como **2**, debido a que a menudo **11** se toma en su vibración más baja de 2.

La siguiente tabla muestra los dígitos de cada mes:

Enero = 1	**Julio = 7**
Febrero = 2	**Agosto = 8**
Marzo = 3	**Septiembre = 9**
Abril = 4	**Octubre = 10 = (1 + 0) = 1**
Mayo = 5	**Noviembre = 11 = (1 + 1) = 2 u 11 (número maestro)**
Junio = 6	**Diciembre = 12 = (1 + 2) = 3**

Numerología

La **numerología** es el método en el que se usan los números para describir las vibraciones. La **numerología** procede de las enseñanzas y cálculos del filósofo griego Pitágoras, creador del teorema de su nombre. La **numerología** puede usarse para mostrar las vibraciones de las personas, las de un periodo de tiempo, o bien las de una persona dentro de un periodo de tiempo.

Año personal

El **año personal** es el número que en numerología muestra cómo un determinado año puede afectar individualmente a una persona. Para hallar el **año personal,** busque primero el año universal y súmele el mes y año de nacimiento. Los dos últimos deberán reducirse hasta donde sea posible.

Números simples

Los **números simples** son los nueve números principales por separado, o los números maestros tomados igualmente por separado.

Año universal

Año universal es el número numerológico existente para un año determinado. Se halla sumando los dígitos del año y reduciéndolos numerológicamente lo máximo posible. Todos nos encontramos bajo el mismo año universal.

Vibraciones

Las **vibraciones** son modelos de energía. Existen **vibraciones** personales, **vibraciones** de tiempo y **vibraciones** personales dentro de un periodo temporal. Las **vibraciones** de energía constituyen una de las piedras angulares del universo, y pueden ser expresadas en forma de números mediante la numerología.

Dígito de la semana

El **dígito de la semana** es el número que en numerología designa la vibración de una semana específica. Puede tratarse de uno de los nueve números principales, de un número maestro o un número compuesto.

Para hallar el **dígito de la semana** de los primeros 7 días del mes es necesario sumar el dígito del mes y el del año personal, en la carta numerológica para buscar trabajo. Para encontrar el de la segunda semana (del día **8** al **14**) hay que sumar el año personal y el tercer número de la línea base de la carta numerológica. Para el de la tercera semana (del día **15** al **21**, incluyendo el **21**) se suman los dígitos de las semanas **1** y **2**. Finalmente, para hallar el de la última parte del mes (del **22** hasta final de mes), es necesario sumar el dígito mensual y el tercer número en la línea base.

Números de trabajo

Los **números de trabajo** son aquellos números bajo cuyas vibraciones se establece un tiempo propicio para buscar empleo. Los principales **números de trabajo** son el **1**, **4**, **8** y **22**. Los **números de trabajo** incluyen también todo número simple o compuesto que contenga en sí los principales **números de trabajo**, o que, al ser descompuesto, totalice un **número de trabajo**. Esto es debido a que ambos tipos de números tendrán algunas de las características de un número de trabajo principal.

Incluidos en este grupo están números tales como el **13**, **14**, **17**, **18**, **19**, **24**, **26**, **28** y **31** encuentran (todos ellos números simples que se encuentran en el calendario). También se incluyen números como **(2,11)**, **(4,11)**, **(6,11)**, **(8,11)**, **(11,11)** (formas todos ellos del **22**) y otros números compuestos del mismo tipo.

Bibliografía

AVERY KEVIN QUINN, D. Ms.: *The Numbers of Life,* Garden City, Nueva York: Doubleday & Company, Inc., 1977.

BISHOP, BÁRBARA J.: *Numerology: Universal Vibrations of Numbers.* St. Paul, MN: Llewellyn, 1990.

HITCHCOCK, HELEN: *Helping Yourself With Numerology.* Englewood Cliffs, NJ: Prentice Hall, 1986.

MYKIAN, W.: *Numerology Made Easy.* Hollywood, CA: Wilshire Book Company, 1979.

TAYLOR, ARIEL YVON: *Numerology Made Plain.* Van Nuys, CA: Newcastle Publishing Company, 1973.